加工贸易保税监管

百问百答

关务通·新疑难解惑系列

"关务通·新疑难解惑系列"
编委会 ◎ 编

中国海关出版社有限公司

中国·北京

图书在版编目（CIP）数据

加工贸易保税监管百问百答/"关务通·新疑难解惑系列"编委会编. -- 北京：中国海关出版社有限公司，2024.6

（关务通；5. 新疑难解惑系列）

ISBN 978-7-5175-0752-9

Ⅰ.①加…　Ⅱ.①关…　Ⅲ.①加工贸易—对外贸易政策—中国—问题解答　Ⅳ.①F752.0-44

中国国家版本馆 CIP 数据核字（2024）第 040108 号

加工贸易保税监管百问百答
JIAGONG MAOYI BAOSHUI JIANGUAN BAI WEN BAI DA

作　　者："关务通·新疑难解惑系列"编委会
策划编辑：刘　婧
责任编辑：刘　婧
责任印制：王怡莎
出版发行：中国海关出版社有限公司
社　　址：北京市朝阳区东四环南路甲1号　　邮政编码：100023
编 辑 部：01065194242-7544（电话）
发 行 部：01065194221/4238/4246/4254/5127（电话）
社办书店：01065195616（电话）
　　　　　https://weidian.com/？userid=319526934（网址）
印　　刷：廊坊一二〇六印刷厂　　　　　　　经　　销：新华书店
开　　本：880mm×1230mm　1/32
印　　张：5.125　　　　　　　　　　　　　字　　数：138千字
版　　次：2024年6月第1版
印　　次：2024年6月第1次印刷
书　　号：ISBN 978-7-5175-0752-9
定　　价：45.00元

前　言

为便于关务人员快速查询、获取相关业务知识，"关务通·新疑难解惑系列"编委会组织编写了"关务通·新疑难解惑系列"丛书。"关务通"系列丛书于2011—2016年陆续出版，因其设计风格独特和内容全面实用深受广大读者的好评，作为"关务通系列"的延续，希望"关务通·新疑难解惑系列"能够为读者提供更好的使用体验。

本丛书编写人员长期从事政策解答、业务咨询工作，广泛收集了企业在通关过程中的常见及热点问题，并从中选取企业关心、具有代表性的实务问题，通过对这些问题的梳理和分类，聚焦通关监管、企业管理与稽查、检验检疫、关税征管、加工贸易保税监管、个人行邮监管六个方面，分册编写。

"快速查询、快速解决"是本丛书编写的目标。各分册具体包括问、答、文件依据三部分，力求问题简单明晰，回答重点突出。为帮助读者在解决问题的同时，能对应了解相关政策，本丛书各分册还特增加附录，以涵盖部分重点法律法规。

各分册所列问答的具体数量根据实际情况而定，未作统一。因时间仓促，水平有限，不足之处还请各位读者见谅并指正。

"关务通·新疑难解惑系列"编委会

2024年4月

目　录

百问百答

1. 什么是加工贸易?

答: "加工贸易"是指经营企业进口全部或者部分原辅材料、零部件、元器件、包装物料,经过加工或者装配后,将制成品复出口的经营活动,包括来料加工和进料加工。

文件依据:《中华人民共和国海关加工贸易货物监管办法》(海关总署令第219号)。

2. 什么是来料加工?

答: "来料加工"是指进口料件由境外企业提供,经营企业不需要付汇进口,按照境外企业的要求进行加工或者装配,只收取加工费,制成品由境外企业销售的经营活动。其监管方式代码为"0214"。

文件依据:《中华人民共和国海关加工贸易货物监管办法》(海关总署令第219号)。

3. 什么是进料加工?

答: "进料加工"是指进口料件由经营企业付汇进口,制成品由

经营企业外销出口的经营活动。进料加工按照对外签约形式
还细分成"进料加工非对口合同"和"进料加工对口合同"。
"进料加工非对口合同"是指我方有外贸进出口经营权的企
业动用外汇购买进口原料、材料、元器件、零部件、配套件
和包装物料，加工成品或半成品再返销出口的交易形式。其
监管方式代码为"0715"，简称"进料非对口"。

"进料加工对口合同"是指买卖双方分别签订进出口对口合
同，料件进口时，我方先付料件款，加工成品出口时再向对
方收取出口成品款项的交易形式，包括动用外汇的对口合同
或不同客户的对口的联号合同以及对开信用证的对口合同。
其监管方式代码为"0615"，简称"进料对口"。

文件依据：《中华人民共和国海关加工贸易货物监管办法》（海关
总署令第219号）。

4. **企业设立加工贸易手册，应向哪个海关申请？**

答： 经营企业应当向加工企业所在地主管海关办理加工贸易手册
的设立手续。

"经营企业"是指负责对外签订加工贸易进出口合同的各类
进出口企业和外商投资企业，以及依法开展来料加工经营活
动的对外加工装配服务公司。

"加工企业"是指接受经营企业委托，负责对进口料件进行
加工或者装配，并且具有法人资格的生产企业，以及由经营

企业设立的虽不具有法人资格，但是实行相对独立核算并已经办理工商营业证（执照）的工厂。

例如，经营企业所在地主管海关为A海关，加工企业所在地主管海关为B海关，则应由经营企业向B海关申请设立加工贸易手册。

文件依据：《中华人民共和国海关加工贸易货物监管办法》（海关总署令第219号）。

5. 企业向海关申请设立加工贸易手册应该具备什么资质？

答：经海关备案的经营企业和加工企业是"加工贸易企业"，加工贸易企业要开展加工贸易业务，须具备相应的生产经营能力，经营企业应具有进出口经营权，加工企业应具备与业务范围相适应的生产能力。

文件依据：《中华人民共和国海关加工贸易货物监管办法》（海关总署令第219号）。

6. 企业申请办理加工贸易手册需要向海关申报、提交什么内容及材料？

答：除另有规定外，经营企业办理加工贸易手册的设立，应当向海关如实申报贸易方式、单耗、进出口口岸，以及进口料件和出口成品的商品名称、商品编号、规格型号、价格和原产地等情况，并且提交经营企业对外签订的合同。经营企业委托加工的，还应当提交与加工企业签订的委托加工合同。

文件依据：《中华人民共和国海关加工贸易货物监管办法》（海关
总署令第219号）。

7. 从事加工贸易的企业现在还需要申请办理"加工贸
易企业经营状况及生产能力证明"吗？

答： 根据规定，自2019年1月1日起，企业从事加工贸易业务不
再申领"加工贸易企业经营状况及生产能力证明"（以下简
称"生产能力证明"），商务主管部门不再为加工贸易企业出
具"生产能力证明"，由加工贸易企业自主承诺具备相应生
产经营能力。

企业开展加工贸易业务，须登录"商务部业务系统统一平台"
（https：//ecomp.mofcom.gov.cn/），自主填报"加工贸易企业经营
状况及生产能力信息表"（以下简称"信息表"），并对信息真
实性作出承诺。"信息表"有效期为自填报（更新）之日起1
年，到期后或相关信息发生变化，企业应及时更新"信息表"。

文件依据：《关于取消〈加工贸易企业经营状况及生产能力证明〉
的公告》（商务部　海关总署公告2018年第109号）。

8. 哪些情况不能向海关申请办理加工贸易手册？

答： 加工贸易企业有下列情形之一的，不得办理手册设立手续：

（一）进口料件或者出口成品属于国家禁止进出口的；

（二）加工产品属于国家禁止在我国境内加工生产的；

（三）进口料件不宜实行保税监管的；

（四）经营企业或者加工企业属于国家规定不允许开展加工贸易的；

（五）经营企业未在规定期限内向海关报核已到期的加工贸易手册，又重新申报设立手册的。

文件依据：《中华人民共和国海关加工贸易货物监管办法》（海关总署令第219号）。

9. 开展加工贸易，向海关申请办理加工贸易手册需要提供担保吗？

答：有下列情形之一的，海关应当在经营企业提供相当于应缴税款金额的保证金或者银行、非银行金融机构保函后办理手册设立手续：

（一）涉嫌走私，已经被海关立案侦查，案件尚未审结的；

（二）由于管理混乱被海关要求整改，在整改期内的。

有下列情形之一的，海关可以要求经营企业在办理手册设立手续时提供相当于应缴税款金额的保证金或者银行、非银行金融机构保函：

（一）租赁厂房或者设备的；

（二）首次开展加工贸易业务的；

（三）加工贸易手册延期两次（含两次）以上的；

（四）办理异地加工贸易手续的；

（五）涉嫌违规，已经被海关立案调查，案件尚未审结的。

文件依据：《中华人民共和国海关加工贸易货物监管办法》（海关
总署令第219号）。

10. 企业通过什么渠道向海关提交加工贸易手册设立
申请？

答： 企业可通过登录中国国际贸易单一窗口（http：//www.
singlewindow.cn/），业务应用—口岸执法申报—加贸保税—
加工贸易手册，或者登录"互联网＋海关"（http：//online.
customs.gov.cn/），办事指南—加贸保税—保税货物监管—加
工贸易手账册一般监管、企业联网监管，录入手册设立的数
据，上传相关随附单证，向主管海关提交申请。

11. 海关对企业提交的加工贸易手册设立申请的审批时
间一般多久？

答： 经营企业向海关提交的信息及资料齐全、有效的，海关应当
自接受企业手册设立申报之日起5个工作日内完成加工贸易
手册设立手续。需要办理担保手续的，经营企业按照规定提
供担保后，海关办理手册设立手续。

文件依据：《中华人民共和国海关加工贸易货物监管办法》（海关
总署令第219号）。

12. **已经在海关办理的加工贸易手册内容有变化，可以向海关申请变更吗？**

答：加工贸易货物手册设立内容发生变更的，经营企业应当在加工贸易手册有效期内办理变更手续。

企业可通过登录中国国际贸易单一窗口（http：//www.singlewindow.cn/），业务应用—口岸执法申报—加贸保税—加工贸易手册，或者登录"互联网+海关"（http：//online.customs.gov.cn/），办事指南—加贸保税—保税货物监管—加工贸易手账册一般监管、企业联网监管，向主管海关申报变更数据，并向海关提交涉及变更的相关单证资料。海关应当自接受企业申报之日起5个工作日内完成相关审核。

文件依据：《中华人民共和国海关加工贸易货物监管办法》（海关总署令第219号）。

13. **企业想要从事加工贸易，同时也在经营国内生产及贸易，加工贸易货物可以和国内货物一并管理存放吗？**

答：加工贸易企业应当将加工贸易货物与非加工贸易货物分开管理。加工贸易货物应当存放在经海关备案的场所，实行专料专管。

"分开管理"是指加工贸易货物应与非加工贸易货物分开存放，分别记账。对确实无法实现货物分开存放的，须经主管海关在审核企业内部信息化管理系统、确认其能够通过联网监管系统实现加工贸易货物与非加工贸易货物数据信息流分开后，认定其符合"分开管理"的监管条件。企业应当确保保税货物流与数据信息流的一致性。

文件依据：《中华人民共和国海关加工贸易货物监管办法》（海关总署令第219号）、《关于加工贸易监管有关事宜的公告》（海关总署公告2018年第104号）。

14. 企业的生产料件在哪些情况下可以串换使用？

答：经海关核准，经营企业可以在保税料件之间、保税料件与非保税料件之间进行串换，但是被串换的料件应当属于同一企业，并且应当遵循同品种、同规格、同数量、不牟利的原则。来料加工保税进口料件不得串换。

文件依据：《中华人民共和国海关加工贸易货物监管办法》（海关总署令第219号）。

15. 在生产中，企业可以使用非保税的料件吗？还是规定一定不能使用？

答：由于加工工艺需要使用非保税料件的，经营企业应当事先向海关如实申报使用非保税料件的比例、品种、规格、型号、数量。按照上述规定向海关申报的，海关核销时应当在出口成品总耗用量中予以核扣。

文件依据：《中华人民共和国海关加工贸易货物监管办法》（海关总署令第219号）。

16. 企业申请办理加工贸易手册后进口料件就可以享受免税吗？

答： 加工贸易项下进口料件实行保税监管的，加工成品出口后，海关根据核定的实际加工复出口的数量予以核销。

文件依据：《中华人民共和国海关加工贸易货物监管办法》（海关总署令第219号）。

17. 企业加工的成品出口时发现该商品存在出口关税，这种情况需要缴纳出口关税吗？

答： 加工贸易项下出口应税商品，若系全部使用进口料件加工的产（成）品，不征收出口关税；若系部分使用进口料件加工的产（成）品，则按海关核定的比例征收出口关税。

具体计算公式：出口关税＝出口货物完税价格×出口关税税率×出口成品中使用的国产料件占全部料件的价值比例。

文件依据：《关于对加工贸易项下出口应税商品征收出口关税有关问题的公告》（海关总署公告2003年第23号）。

18. 从事加工贸易的生产企业由于自身加工条件限制，可以将其中某个加工工序委托国内企业承接吗？

答： 具备加工生产能力，但受自身生产特点和工艺条件限制而不能完成全部工序和订单的加工贸易企业，由企业提出申请，经海关核准，可开展外发加工业务。

"外发加工"是指经营企业委托承揽者对加工贸易货物进行加工，在规定期限内将加工后的产品最终复出口的行为。

文件依据：《中华人民共和国海关加工贸易货物监管办法》（海关总署令第219号）。

19. 企业可以将全部生产工序申请外发加工吗？

答： 可以。经营企业将全部工序外发加工的，应当在办理备案手续的同时向海关提供相当于外发加工货物应缴税款金额的保证金或者银行、非银行金融机构保函。

文件依据：《中华人民共和国海关加工贸易货物监管办法》（海关总署令第219号）。

20. 企业申请外发加工应于何时向海关提交备案申请？

答： 企业应当在货物首次外发之日起3个工作日内向海关备案外发加工基本情况，并且企业应当在货物外发之日起10日内向海关申报实际收发货情况，同一手（账）册、同一承揽者的收、发货情况可合并办理。

以合同为单元管理的，首次外发是指在本手册项下对同一承揽者第一次办理外发加工业务；以企业为单元管理的，首次外发是指本核销周期内对同一承揽者第一次办理外发加工业务。

文件依据：《中华人民共和国海关加工贸易货物监管办法》（海关总署令第219号）。

21. 企业将料件外发给A工厂加工后，A工厂还可以委托B工厂进一步加工吗？

答： 不可以。经营企业开展外发加工业务，不得将加工贸易货物转卖给承揽者，承揽者不得将加工贸易货物再次外发。

"承揽者"是指与经营企业签订加工合同，承接经营企业委托的外发加工业务的企业或者个人。

文件依据：《中华人民共和国海关加工贸易货物监管办法》（海关总署令第219号）。

22. 企业办理外发加工后，加工后的成品或者剩余料件等一定要再运回本企业吗？

答： 外发加工的成品、剩余料件以及生产过程中产生的边角料、残次品、副产品等加工贸易货物，经营企业向所在地主管海关办理相关手续后，可以不运回本企业。

文件依据：《中华人民共和国海关加工贸易货物监管办法》（海关总署令第219号）。

23. 什么是加工贸易单耗?

答: 单耗是指加工贸易企业在正常加工条件下加工单位成品所耗用的料件量,单耗包括净耗和工艺损耗。

单耗=净耗/(1-工艺损耗率)。

"净耗"是指在加工后,料件通过物理变化或者化学反应存在或者转化到单位成品中的量。

"工艺损耗"是指因加工工艺原因,料件在正常加工过程中除净耗外所必需耗用、但不能存在或者转化到成品中的量,包括有形损耗和无形损耗。

"工艺损耗率"是指工艺损耗占所耗用料件的百分比。

文件依据:《中华人民共和国海关加工贸易单耗管理办法》(海关总署令第155号)。

24. 哪些情况不能算入工艺损耗?

答: 下列情况不列入工艺损耗范围:

(一)因突发停电、停水、停气或者其他人为原因造成保税料件、半成品、成品的损耗;

(二)因丢失、破损等原因造成的保税料件、半成品、成品的损耗;

(三)因不可抗力造成保税料件、半成品、成品灭失、损毁或者短少的损耗；

（四）因进口保税料件和出口成品的品质、规格不符合合同要求，造成用料量增加的损耗；

（五）因工艺性配料所用的非保税料件所产生的损耗；

（六）加工过程中消耗性材料的损耗。

文件依据：《中华人民共和国海关加工贸易单耗管理办法》（海关总署令第155号）。

25. **加工贸易单耗有对应的标准吗？**

答： "单耗标准"是指供通用或者重复使用的加工贸易单位成品耗料量的准则，设定最高上限值，其中出口应税成品单耗标准增设最低下限值。单耗标准由海关根据有关规定会同相关部门制定，海关会以公告形式对外发布。对于尚未公布单耗标准的，加工贸易企业应当如实向海关申报单耗，海关按照加工贸易企业的实际单耗对保税料件进行核销。

文件依据：《中华人民共和国海关加工贸易单耗管理办法》（海关总署令第155号）。

26. **企业应当何时向海关申请单耗备案？**

答： 加工贸易企业应当在加工贸易手册设立环节向海关进行单耗备案。

文件依据:《中华人民共和国海关加工贸易单耗管理办法》(海关
总署令第155号)。

27. 企业应当何时向海关申报单耗?

答: 加工贸易企业应当在成品出口、深加工结转或者内销前如实
向海关申报单耗。加工贸易企业确有正当理由无法按期申报
单耗的,应当留存成品样品以及相关单证,并在成品出口、
深加工结转或者内销前提出书面申请,经主管海关批准的,
加工贸易企业可以在报核前申报单耗。

生产工艺流程简单、产品净耗比较稳定、产品单耗关系不太
复杂的企业,也可以在合同备案环节一并向海关申报单耗。

文件依据:《中华人民共和国海关加工贸易单耗管理办法》(海关
总署令第155号)。

28. 企业向海关申报单耗主要包括哪些内容?

答: 加工贸易企业申报单耗应当包括以下内容:

(一)加工贸易项下料件和成品的商品名称、商品编号、计
量单位、规格型号和品质;

(二)加工贸易项下成品的单耗;

(三)加工贸易同一料件有保税和非保税料件的,应当申报

非保料件的比例、商品名称、计量单位、规格型号和品质。

文件依据：《中华人民共和国海关加工贸易单耗管理办法》（海关
总署令第155号）。

29. 企业申报的单耗有错误，可以申请办理单耗变更吗？

答： 加工贸易企业可以向海关申请办理单耗变更或者撤销手续，
但下列情形除外：

（一）保税成品已经申报出口的；

（二）保税成品已经办理深加工结转的；

（三）保税成品已经申请内销的；

（四）海关已经对单耗进行核定的；

（五）海关已经对加工贸易企业立案调查的。

文件依据：《中华人民共和国海关加工贸易单耗管理办法》（海关
总署令第155号）。

30. 企业已经向海关申报单耗，海关还在审核中未核定，但是由于国外客户对成品要得急，企业可以先出口成品吗？

答： 单耗核定前，加工贸易企业缴纳保证金或者提供银行担保，
并经海关同意的，可以先行办理加工贸易料件和成品的进出
口、深加工结转或者内销等海关手续。

文件依据：《中华人民共和国海关加工贸易单耗管理办法》（海关
总署令第155号）。

31. 什么是加工贸易不作价设备？

答： 加工贸易外商提供的不作价进口设备指与加工贸易经营单位开
展加工贸易（包括来料加工、进料加工及外商投资企业从事的
加工贸易）的外商，以免费即不需经营单位付汇进口，也不需
用加工费或差价偿还方式，向经营单位提供的加工生产所需设
备。其监管方式代码为"0320"，简称"不作价设备"。

32. 不作价设备是海关监管货物吗？有监管期吗？

答： 外商提供的免税不作价进口设备属海关监管货物，监管期限
为5年。

文件依据：《关于外商提供不作价进口设备的管理问题的公告》
（海关总署公告2001年第16号）、《中华人民共和国海关
进出口货物减免税管理办法》（海关总署令第245号）。

33. 在监管期内的不作价设备企业可以申请解除监管吗？

答： 监管期限未满、申请提前解除监管并留在境内的"不作价设
备"，企业须补缴关税、进口环节增值税，海关凭相关进口
许可证件及其他单证办理解除监管手续。

文件依据：《关于外商提供不作价进口设备的管理问题的公告》
（海关总署公告2001年第16号）。

34. 不作价设备过监管期后，企业应该如何处理？

答： 监管期限已满的"不作价设备"应退运出境，因特殊情况不
退运出境的，按以下规定办理解除监管手续：

（一）企业不退运出境并向海关申请放弃的"不作价设备"，
海关可直接为企业办理解除监管手续，并按有关规定对放弃
的"不作价设备"作出处理；

（二）不退运出境并留在境内继续使用的"不作价设备"，企
业需提出申请，由机电产品进口管理机构办理进口审批手
续，海关凭批件为其办理解除监管手续，并免缴进口关税、
进口环节增值税。

对不按上述规定将监管期限已满的"不作价设备"退运出境或
留在境内不及时办理解除监管手续的企业，由海关调查部门按
违规行为处理，结案前海关不予办理新的加工贸易备案手续。

文件依据：《关于外商提供不作价进口设备的管理问题的公告》
（海关总署公告2001年第16号）。

35. 企业目前在使用的不作价设备有部分零件需要更新，单独进口零部件也可以免税吗？

答： 根据相关进口设备税收政策，按照合同随设备进口的配套
件、备件准予免税，单独进口配套件及备件应照章征收关税
和进口环节增值税。

36. 什么是深加工结转?

答："深加工结转"是指加工贸易企业将保税进口料件加工的产品转至另一加工贸易企业进一步加工后复出口的经营活动。来料深加工结转货物监管方式代码"0255",简称"来料深加工";进料深加工结转货物监管方式代码"0654",简称"进料深加工"。

深加工结转除概念上区别于外发加工外,物权归属也不同。外发加工的物权仍归经营企业所有,而深加工结转的物权转移至转入企业。

文件依据:《中华人民共和国海关加工贸易货物监管办法》(海关总署令第219号)。

37. 企业如何办理深加工结转?

答:加工贸易企业申请开展深加工结转的,转入企业、转出企业应当向各自主管海关申报。流程为:转入企业申报深加工结转转入(进口)核注清单—转出企业申报深加工结转转出(出口)核注清单—转入企业申报深加工结转转入(进口)报关单—转出企业申报深加工结转转出(出口)报关单。

企业应于每月15日前对上月深加工结转情况进行保税核注清单及报关单的集中申报,但集中申报不得超过手(账)册有效期或核销截止日期，且不得跨年申报。

文件依据：《关于精简和规范作业手续　促进加工贸易便利化的公告》（海关总署公告 2019 年第 218 号）。

38. 哪些情况不能申请开展深加工结转业务？

答：有下列情形之一的，加工贸易企业不得办理深加工结转手续：

（一）不符合海关监管要求，被海关责令限期整改，在整改期内的；

（二）有逾期未报核手册的；

（三）由于涉嫌走私已经被海关立案调查，尚未结案的。

加工贸易企业未按照海关规定进行收发货的，不得再次办理深加工结转手续。

文件依据：《中华人民共和国海关加工贸易货物监管办法》（海关总署令第 219 号）。

39. 企业发现已经进口的料件存在一些质量问题，可以与外商进行退换吗？

答：经营企业进口料件由于质量存在瑕疵、规格型号与合同不符等原因，需要返还原供货商进行退换，以及由于加工贸易出口产品售后服务需要而出口未加工保税料件的，可以直接向口岸海关办理报关手续。但需注意，已经加工的保税进口料件不得进行退换。

文件依据：《中华人民共和国海关加工贸易货物监管办法》（海关
总署令第219号）。

40. 加工贸易成品出口后，国外客户认为存在问题需要
企业返修或更换，应该如何办理？

答：来料、进料加工正在执行的手册或电子账册项下出口成品因
品质、规格或其他原因退运进境的，经加工、维修或更换同
类商品复出口时，企业可凭成品退换合同在同一手册或电子
账册项下按"成品退换"方式办理。对已经核销的加工贸易
手册（账册）项下的出口成品，退换时不能按照"成品退
换"方式进行申报。

成品退换时，应先按"来料成品退换"或"进料成品退换"
方式进口原已出口的不符合品质、规格要求的成品，再出口
品质、规格符合要求的成品。同一手册（账册）的成品退换
申报的进出口监管方式应当对应，数量、金额应当一致。

办理成品退换时，企业需提供以下材料：成品退换合同；原
出口货物报关单；需加工、维修或更换的证明材料。

41. 什么是加工贸易边角料？

答："加工贸易边角料"是指加工贸易企业从事加工复出口业务，
在海关核定的单位耗料量内、加工过程中产生的、无法再用于
加工该合同项下出口制成品的数量合理的废、碎料及下脚料。

文件依据：《中华人民共和国海关关于加工贸易边角料、剩余料件、残次品、副产品和受灾保税货物的管理办法》（海关总署令第 111 号）。

42. 企业申请加工贸易边角料内销，如何征税？

答：海关按照加工贸易企业向海关申请内销边角料的报验状态归类后适用的税率和审定的边角料价格计征税款，免征缓税利息。

文件依据：《中华人民共和国海关关于加工贸易边角料、剩余料件、残次品、副产品和受灾保税货物的管理办法》（海关总署令第 111 号）。

43. 什么是加工贸易剩余料件？

答："加工贸易剩余料件"是指加工贸易企业在从事加工复出口业务过程中剩余的、可以继续用于加工制成品的加工贸易进口料件。

文件依据：《中华人民共和国海关关于加工贸易边角料、剩余料件、残次品、副产品和受灾保税货物的管理办法》（海关总署令第 111 号）。

44. 企业 A 手册的料件未使用完，可以将这些剩余料件放入 B 手册继续使用吗？

答：加工贸易企业申报将剩余料件结转到另一个加工贸易合同使

用，限同一经营企业、同一加工企业、同样进口料件和同一
加工贸易方式。凡具备条件的，海关按规定核定单耗后，企
业可以办理该合同核销及其剩余料件结转手续。

文件依据：《中华人民共和国海关关于加工贸易边角料、剩余料
件、残次品、副产品和受灾保税货物的管理办法》
（海关总署令第111号）。

45. 企业申请剩余料件或者用剩余料件生产的制成品内销时，如何办理？

答： 加工贸易企业申请内销剩余料件或者内销用剩余料件生产的
制成品，按照下列情况办理：

（一）剩余料件金额占该加工贸易合同项下实际进口料件总额
3%以内（含3%），并且总值在人民币1万元以下（含1万元）
的，由主管海关对剩余料件按照规定计征税款和税款缓税利息
后予以核销。剩余料件属于国家发展改革委、商务部、生态环
境部及其授权部门进口许可证件管理范围的，免于提交许可
证件。

（二）剩余料件金额占该加工贸易合同项下实际进口料件总额
3%以上或者总值在人民币1万元以上的，海关对合同内销的
全部剩余料件按照规定计征税款和缓税利息。剩余料件属于进
口许可证件管理的，企业还应当按照规定取得有关进口许可证
件。海关对有关进口许可证件电子数据进行系统自动比对验核。

（三）使用剩余料件生产的制成品需要内销的，海关根据其

对应的进口料件价值，按照上述第（一）项或者第（二）项
的规定办理。

文件依据：《中华人民共和国海关关于加工贸易边角料、剩余料
件、残次品、副产品和受灾保税货物的管理办法》
（海关总署令第111号）。

46. 什么是加工贸易残次品？

答："加工贸易残次品"是指加工贸易企业从事加工复出口业务，
在生产过程中产生的有严重缺陷或者达不到出口合同标准，
无法复出口的制品（包括完成品和未完成品）。

文件依据：《中华人民共和国海关关于加工贸易边角料、剩余料
件、残次品、副产品和受灾保税货物的管理办法》
（海关总署令第111号）。

47. 企业可以申请加工贸易残次品内销吗？如何办理？

答：加工贸易企业需要内销残次品的，根据其对应的进口料件价
值，可以参照问题45剩余料件内销的规定情况办理。

文件依据：《中华人民共和国海关关于加工贸易边角料、剩余料
件、残次品、副产品和受灾保税货物的管理办法》
（海关总署令第111号）。

48. 什么是加工贸易副产品？

答： "加工贸易副产品" 是指加工贸易企业从事加工复出口业务，
在加工生产出口合同规定的制成品（即主产品）过程中同时
产生的，并且出口合同未规定应当复出口的一个或者一个以
上的其他产品。

文件依据：《中华人民共和国海关关于加工贸易边角料、剩余料
件、残次品、副产品和受灾保税货物的管理办法》
（海关总署令第111号）。

49. 企业申请副产品内销，海关如何审核办理？

答： 对于需要内销的副产品，海关按照加工贸易企业向海关申请
内销副产品的报验状态归类后的适用税率和审定的价格，计
征税款和缓税利息。海关按照加工贸易企业向海关申请内销
副产品的报验状态归类后，属于进口许可证件管理的，企业
还应当按照规定取得有关进口许可证件。海关对有关进口许
可证件电子数据进行系统自动比对验核。

文件依据：《中华人民共和国海关关于加工贸易边角料、剩余料
件、残次品、副产品和受灾保税货物的管理办法》
（海关总署令第111号）。

50. 什么是受灾保税货物?

答："受灾保税货物"是指加工贸易企业从事加工出口业务中，由于不可抗力原因或者其他经海关审核认可的正当理由造成灭失、短少、损毁等导致无法复出口的保税进口料件和制品。

文件依据：《中华人民共和国海关关于加工贸易边角料、剩余料件、残次品、副产品和受灾保税货物的管理办法》（海关总署令第111号）。

51. 因为自然灾害，企业的加工贸易保税货物受损，如何处理?

答：因不可抗力因素造成的加工贸易受灾保税货物，经海关核实，对受灾保税货物灭失或者虽未灭失，但是完全失去使用价值且无法再利用的，海关予以免税核销；对受灾保税货物虽失去原使用价值，但是可以再利用的，海关按照审定的受灾保税货物价格、其对应进口料件适用的税率计征税款和税款缓税利息后核销。受灾保税货物对应的原进口料件，属于发展改革委、商务部、生态环境部及其授权部门进口许可证件管理范围的，免于提交许可证件。企业在规定的核销期内报核时，应当提供保险公司出具的保险赔款通知书和海关认可的其他有效证明文件。

文件依据：《中华人民共和国海关关于加工贸易边角料、剩余料
件、残次品、副产品和受灾保税货物的管理办法》
（海关总署令第111号）。

52. 企业如何申报边角料、剩余料件等保税货物内销？

答：加工贸易企业办理边角料、剩余料件、残次品、副产品和受
灾保税货物内销的进出口通关手续时，应当按照下列情况
办理：

（一）加工贸易剩余料件、残次品以及受灾保税货物内销，
企业按照其加工贸易的原进口料件品名进行申报；

（二）加工贸易边角料以及副产品，企业按照向海关申请内
销的报验状态申报。

文件依据：《中华人民共和国海关关于加工贸易边角料、剩余料
件、残次品、副产品和受灾保税货物的管理办法》
（海关总署令第111号）。

53. 缓税利息如何计算？

答：加工贸易缓税利息应根据填发海关税款缴款书时海关总署调
整的最新缓税利息率按日征收。

缓税利息计算公式：

应征缓税利息＝应征税额 × 计息期限 × 缓税利息率／360。

文件依据：《关于加工贸易保税货物内销缓税利息征收及退还
有关问题的公告》（海关总署公告2009年第14号）。

54. 加工贸易保税料件或制成品经批准内销，需要征收
缓税利息的情况下，计息期限如何确定？

答：缓税利息计息期限的起始日期为内销货物对应的加工贸易合
同项下首批料件进口之日；加工贸易E类电子账册项下的料
件或制成品内销时，起始日期为内销料件或制成品所对应电
子账册的最近一次核销之日（若没有核销日期的，则为电子
账册的首批料件进口之日）。对上述货物征收缓税利息的终
止日期为海关填发税款缴款书之日。

文件依据：《关于加工贸易保税货物内销缓税利息征收及退还
有关问题的公告》（海关总署公告2009年第14号）。

55. 进料加工料件内销时，企业应如何申报完税价格？

答：进料加工进口料件或者其制成品（包括残次品）内销时，海
关以料件原进口成交价格为基础审查确定完税价格。属于料
件分批进口，并且内销时不能确定料件原进口——对应批次
的，海关可按照同项号、同品名和同税号的原则，以其合同
有效期内或电子账册核销周期内已进口料件的成交价格计算
所得的加权平均价为基础审查确定完税价格。合同有效期内

或电子账册核销周期内已进口料件的成交价格加权平均价难以计算或者难以确定的，海关以客观可量化的当期进口料件成交价格的加权平均价为基础审查确定完税价格。

文件依据：《中华人民共和国海关审定内销保税货物完税价格办法》（海关总署令第211号）。

56. 来料加工进口料件内销时，企业应如何申报完税价格？

答：来料加工进口料件或者其制成品（包括残次品）内销时，海关以接受内销申报的同时或者大约同时进口的与料件相同或者类似的保税货物的进口成交价格为基础审查确定完税价格。

文件依据：《中华人民共和国海关审定内销保税货物完税价格办法》（海关总署令第211号）。

57. 边角料或者副产品内销时，企业应如何申报完税价格？

答：加工企业内销的加工过程中产生的边角料或者副产品，以其内销价格为基础审查确定完税价格。"内销价格"是指向国内企业销售保税货物时买卖双方订立的价格，是国内企业为购买保税货物而向卖方（保税企业）实际支付或者应当支付的全部价款，但不包括关税和进口环节海关代征税。

副产品并非全部使用保税料件生产所得的，海关以保税料件在投入成本核算中所占比重计算结果为基础审查确定完税价格。按照规定需要以残留价值征税的受灾保税货物，海关以其内销价格为基础审查确定完税价格。按照规定应折算成料件征税的，海关以各项保税料件占构成制成品（包括残次品）全部料件的价值比重计算结果为基础审查确定完税价格。

边角料、副产品和按照规定需要以残留价值征税的受灾保税货物，经海关允许采用拍卖方式内销时，海关以其拍卖价格为基础审查确定完税价格。"拍卖价格"是指国家注册的拍卖机构对海关核准参与交易的保税货物履行合法有效的拍卖程序，竞买人依拍卖规定获得拍卖标的物的价格。

文件依据：《中华人民共和国海关审定内销保税货物完税价格办法》（海关总署令第211号）。

58. 深加工结转货物内销时，企业应如何申报完税价格？

答： 深加工结转货物内销时，海关以该结转货物的结转价格为基础审查确定完税价格。"结转价格"是指深加工结转企业间买卖加工贸易货物时双方订立的价格，是深加工结转转入企业为购买加工贸易货物而向深加工结转转出企业实际支付或者应当支付的全部价款。

文件依据：《中华人民共和国海关审定内销保税货物完税价格办法》（海关总署令第211号）。

59. 什么是加工贸易手册核销?

答："加工贸易手册核销"是指加工贸易经营企业加工复出口或者办理内销等海关手续后,凭规定单证向海关报核,海关按照规定进行核查以后办理解除监管手续的行为。

文件依据:《中华人民共和国海关加工贸易货物监管办法》(海关总署令第219号)。

60. 企业应当何时向海关申请加工贸易手册报核?

答:经营企业应当在规定的期限内将进口料件加工复出口,并且自加工贸易手册项下最后一批成品出口或者加工贸易手册到期之日起30日内向海关报核。经营企业对外签订的合同提前终止的,应当自合同终止之日起30日内向海关报核。

文件依据:《中华人民共和国海关加工贸易货物监管办法》(海关总署令第219号)。

61. 企业申请报核的具体流程是什么?

答:经营企业报核时应当向海关如实申报进口料件、出口成品、边角料、剩余料件、残次品、副产品以及单耗等情况,对海关有要求的,应按照海关要求提交销毁处置、国内购料、工艺流程等相关材料。

具体步骤：企业通过中国国际贸易单一窗口或"互联网＋海关"向海关提交核销所需要的相关数据和资料；海关对企业报核的数据进行审核；海关对经审核通过核算的手册进行结案，并根据需要向企业签发《核销结案通知书》。

文件依据：《中华人民共和国海关加工贸易货物监管办法》（海关总署令第219号）。

62. 企业在手册核销后可以申请退还保证金吗？

答：加工贸易保税货物在规定的有效期限内（包括经批准延长的期限）全部出口的，由海关通知中国银行将保证金及其活期存款利息全部退还。

文件依据：《关于加工贸易保税货物内销缓税利息征收及退还有关问题的公告》（海关总署公告2009年第14号）。

63. 加工贸易手册核销结案后，企业的单证需要保存多久？

答：加工贸易货物的手册设立和核销单证自加工贸易手册核销结案之日起留存3年。

文件依据：《中华人民共和国海关加工贸易货物监管办法》（海关总署令第219号）。

64. 加工贸易企业在生产经营过程中出现破产等情况不再进行生产加工的，是否需要向海关报告？

答：加工贸易企业出现分立、合并、破产、解散或者其他停止正常生产经营活动情形的，应当及时向海关报告，并且办结海关手续。加工贸易货物被人民法院或者有关行政执法部门封存的，加工贸易企业应当自加工贸易货物被封存之日起5个工作日内向海关报告。

文件依据：《中华人民共和国海关加工贸易货物监管办法》（海关总署令第219号）。

65. 什么是加工贸易联网监管？

答："加工贸易联网监管"是指加工贸易企业通过数据交换平台或者其他计算机网络方式向海关报送能满足海关监管要求的物流、生产经营等数据，海关对数据进行核对、核算，并结合实物进行核查的一种加工贸易海关监管方式。

文件依据：《中华人民共和国海关加工贸易企业联网监管办法》（海关总署令第150号）。

66. 加工贸易联网监管企业应具备什么条件？

答：实施联网监管的加工贸易企业应当具备以下条件：

（一）具有加工贸易经营资格；

（二）在海关备案；

（三）属于生产型企业。

文件依据：《中华人民共和国海关加工贸易企业联网监管办法》

（海关总署令第150号）。

67. 加工贸易中的电子账册和电子手册有什么区别？

答：海关根据联网企业报送备案的资料建立电子底账，对联网企业实施电子底账管理。电子底账包括电子账册和电子手册。

"电子账册"是海关以企业为单元为联网企业建立的电子底账；实施电子账册管理的，联网企业只设立一个电子账册。海关根据联网企业的生产情况和海关的监管需要确定核销周期，按照核销周期对实行电子账册管理的联网企业进行核销管理。

"电子手册"是海关以加工贸易合同为单元为联网企业建立的电子底账；实施电子手册管理的，联网企业的每个加工贸易合同设立一个电子手册。海关根据加工贸易合同的有效期限确定核销日期，对实行电子手册管理的联网企业进行定期核销管理。

"电子底账"是指海关根据联网企业申请，为其建立的用于记录加工贸易备案、进出口、核销等资料的电子数据库。

文件依据：《中华人民共和国海关加工贸易企业联网监管办法》

（海关总署令第150号）。

68. 联网企业办理内销补税需要逐票申报吗？

答：经主管海关批准，联网企业可以按照月度集中办理内销补税
手续；联网企业内销加工贸易货物后，应当在当月集中办理
内销补税手续。

文件依据：《中华人民共和国海关加工贸易企业联网监管办法》
（海关总署令第150号）。

69. 联网企业内销征收缓税利息的起始日期如何确定？

答：实行电子手册管理的，起始日期为内销料件或者制成品所对
应的加工贸易合同项下首批料件进口之日；实行电子账册管
理的，起始日期为内销料件或者制成品对应的电子账册最近
一次核销之日。没有核销日期的，起始日期为内销料件或者
制成品对应的电子账册首批料件进口之日。

缴纳缓税利息的终止日期为海关签发税款缴款书之日。

文件依据：《中华人民共和国海关加工贸易企业联网监管办法》
（海关总署令第150号）。

70. 海关对联网企业的报核时间有何要求？

答：联网企业应当在海关确定的核销期结束之日起30日内完成报

核。确有正当理由不能按期报核的，经主管海关批准可以延期，但延长期限不得超过60日。

文件依据：《中华人民共和国海关加工贸易企业联网监管办法》（海关总署令第150号）。

71. 什么是企业集团加工贸易监管模式？

答："企业集团加工贸易监管模式"是指海关实施的以企业集团为单元，以信息化系统为载体，以企业集团经营实际需求为导向，对企业集团实施整体监管的加工贸易监管模式。

"企业集团"是指以资本为主要联结纽带的母子公司为主体，有共同行为规范的母公司、子公司、参股公司共同组成的具有一定规模的企业法人联合体，包括牵头企业和成员企业。

"牵头企业"是指经成员企业授权，牵头向海关申请办理适用企业集团加工贸易监管模式的企业。牵头企业应熟悉企业集团内部运营管理模式，了解成员企业情况，协调成员企业开展相关业务。

"成员企业"是指同一集团内授权牵头企业申请开展企业集团加工贸易监管模式的企业。

文件依据：《关于全面推广企业集团加工贸易监管模式的公告》（海关总署公告2021年第80号）。

72. 符合什么条件可以向海关申请适用办理企业集团加工贸易监管模式？

答：企业申请适用企业集团加工贸易监管模式，应同时满足以下条件：

（一）牵头企业海关信用等级为高级认证企业，成员企业海关信用等级不为失信企业；

（二）企业内部管理规范，信息化系统完备，加工贸易货物流和数据流透明清晰，逻辑链完整，耗料可追溯，满足海关监管要求；

（三）不涉及关税配额农产品、原油、铜矿砂及其精矿、卫星电视接收设施、生皮等对加工贸易资质或数量有限制的加工贸易商品。

文件依据：《关于全面推广企业集团加工贸易监管模式的公告》（海关总署公告2021年第80号）。

73. 申请适用办理企业集团加工贸易监管模式需要提交哪些资料？如何办理？

答：牵头企业向其所在地主管海关申请开展企业集团加工贸易监管模式，并提交下列材料：

（一）《企业集团加工贸易监管模式备案表》；

（二）所有成员企业法定代表人签字并加盖公章的授权委托；

（三）成员企业的持股证明、出资证明或其他证明材料。

经海关同意实施企业集团加工贸易监管模式的，企业凭《企业集团加工贸易监管模式备案表》按现行加工贸易有关规定分别向主管海关办理加工贸易手（账）册设立手续。加工贸易手（账）册备注栏标注"企业集团"，并注明牵头企业全称和海关编码。

企业集团根据自身运营需要，可由集团内一家企业统一设立加工贸易手（账）册。

文件依据：《关于全面推广企业集团加工贸易监管模式的公告》（海关总署公告2021年第80号）。

74. 企业集团加工贸易监管模式有何便利？

答：（一）保税料件流转方面：适用企业集团加工贸易监管模式的，加工贸易保税料件可在集团内企业之间流转使用，集团内不同企业间进行保税料件流转可根据企业需要采用余料结转或深加工结转方式办理相关手续。

（二）加工贸易货物存放方面：加工贸易货物可以在集团内企业向海关备案的场所自主存放，并留存相关记录。

（三）保税料件串换方面：保税料件符合料件串换监管要求的，集团内企业可根据生产实际自行串换、处置，并留存相关记录。经所有权人授权，集团内企业可对来料加工保税料件进行串换。

（四）外发加工方面：集团内企业间开展外发加工业务不再向海关办理备案手续，其中全部工序外发加工的，不再向海关提供担保。企业应按规定留存收发货记录。集团内企业间外发加工的成品、剩余料件以及生产过程中产生的边角料、残次品、副产品等加工贸易货物，可不运回本企业。

（五）不作价设备方面：处于监管期内的不作价设备可以办理设备结转手续，在集团内企业间调配使用。不作价设备使用应符合其规定用途。

（六）集团内企业需按规定提交担保的，可以选择保证金、银行或非银行金融机构保函等多种形式向海关提供担保。

文件依据：《关于全面推广企业集团加工贸易监管模式的公告》（海关总署公告2021年第80号）。

75. 成员企业可以新增或者变更吗？

答：成员企业出现新增等情形时，牵头企业应及时向其所在地主管海关办理变更手续。

经牵头企业和涉及的成员企业确认，相关成员企业可以申请退出企业集团加工贸易监管模式；经牵头企业和所有成员企业确认，可以申请该企业集团退出企业集团加工贸易监管模式。

文件依据：《关于全面推广企业集团加工贸易监管模式的公告》（海关总署公告2021年第80号）。

76. 综合保税区内除进出口货物外，还有哪些方面属于海关监管范围？

答：海关依照《中华人民共和国海关综合保税区管理办法》对进

出综合保税区的交通运输工具、货物及其外包装、集装箱、物品以及综合保税区内企业实施监督管理。

文件依据：《中华人民共和国海关综合保税区管理办法》（海关总署令第256号）。

77. 综合保税区内是否可以有人员居住？

答：综合保税区实行封闭式管理。除安全保卫人员外，区内不得居住人员。

文件依据：《中华人民共和国海关综合保税区管理办法》（海关总署令第256号）。

78. 综合保税区内企业可以开展哪些业务？

答：综合保税区内企业可以依法开展以下业务：

（一）研发、加工、制造、再制造；

（二）检测、维修；

（三）货物存储；

（四）物流分拨；

（五）融资租赁；

（六）跨境电商；

（七）商品展示；

（八）国际转口贸易；

（九）国际中转；

（十）港口作业；

（十一）期货保税交割；

（十二）国家规定可以在区内开展的其他业务。

文件依据：《中华人民共和国海关综合保税区管理办法》（海关
总署令第256号）。

79. 国家禁止进出口的货物是否可以通过综合保税区
转口？

答： 除法律法规另有规定外，国家禁止进口、出口的货物、物品
不得在综合保税区与境外之间进、出。

文件依据：《中华人民共和国海关综合保税区管理办法》（海关
总署令第256号）。

80. 综合保税区与境外之间进出的货物是否实行关税配
额、许可证件管理？

答： 综合保税区与境外之间进出的货物不实行关税配额、许可证
件管理，但法律法规、我国缔结或者参加的国际条约、协定
另有规定的除外。

文件依据：《中华人民共和国海关综合保税区管理办法》（海关
总署令第256号）。

81. 哪些货物从境外进入综合保税区，可以免征进口关税和进口环节税?

答： 除法律法规另有规定外，下列货物从境外进入综合保税区，海关免征进口关税和进口环节税：

（一）区内生产性的基础设施建设项目所需的机器、设备和建设生产厂房、仓储设施所需的基建物资；

（二）区内企业开展本办法第五条所列业务所需的机器、设备、模具及其维修用零配件；

（三）综合保税区行政管理机构和区内企业自用合理数量的办公用品。

文件依据：《中华人民共和国海关综合保税区管理办法》（海关总署令第256号）。

82. 境外进入综合保税区，供综合保税区内企业的交通运输工具、生活消费用品是否需要依法纳税?

答： 境外进入综合保税区，供区内企业和行政管理机构自用的交通运输工具、生活消费用品，海关依法征收进口关税和进口环节税。

文件依据：《中华人民共和国海关综合保税区管理办法》（海关总署令第256号）。

83. 综合保税区运往境外的货物是否征收出口关税？

答： 除法律法规另有规定外，综合保税区运往境外的货物免征出口关税。

文件依据：《中华人民共和国海关综合保税区管理办法》（海关总署令第256号）。

84. 综合保税区与中华人民共和国境内的其他地区之间进出的货物是否需要向海关申报并提交许可证件？

答： 综合保税区与中华人民共和国境内的其他地区（以下简称"区外"）之间进出的货物，区内企业或者区外收发货人应当按照规定向海关办理相关手续。货物属于关税配额、许可证件管理的，区内企业或者区外收发货人应当取得关税配额、许可证件；海关应当对关税配额进行验核，对许可证件电子数据进行系统自动比对验核。

文件依据：《中华人民共和国海关综合保税区管理办法》（海关总署令第256号）。

85. 综合保税区与区外之间进出的货物是否需要缴纳关税和进口环节税？

答： 综合保税区与区外之间进出的货物，区内企业或者区外收发货人应当按照货物进出区时的实际状态依法缴纳关税和进口环节税。

文件依据：《中华人民共和国海关综合保税区管理办法》（海关
总署令第256号）。

86. 综合保税区内企业加工生产的货物出区内销时是否需要补税及缓税利息？

答： 区内企业加工生产的货物出区内销时，区内企业或者区外收
发货人可以选择按照其对应进口料件缴纳关税，并补缴关税
税款缓税利息；进口环节税应当按照出区时货物实际状态照
章缴纳。

文件依据：《中华人民共和国海关综合保税区管理办法》（海关
总署令第256号）。

87. 综合保税区内企业从区外采购的机器、设备海关如何监管？

答： 以出口报关方式进入综合保税区的货物予以保税。其中，区
内企业从区外采购的机器、设备参照进口减免税货物的监管
年限管理，监管年限届满的自动解除监管，免于提交许可证
件；监管年限未满企业申请提前解除监管的，参照进口减免
税货物补缴税款的有关规定办理相关手续，免于提交许可
证件。

文件依据：《中华人民共和国海关综合保税区管理办法》（海关
总署令第256号）。

88. **综合保税区内企业在加工生产过程中使用保税料件产生的边角料、残次品等出区如何缴税？是否需要提交许可证件？**

答： 区内企业在加工生产过程中使用保税料件产生的边角料、残次品、副产品以及加工生产、储存、运输等过程中产生的包装物料，运往区外销售时，区内企业应当按照货物出区时的实际状态缴纳税款；残次品、副产品属于关税配额、许可证件管理的，区内企业或者区外收发货人应当取得关税配额、许可证件；海关应当对关税配额进行验核，对许可证件电子数据进行系统自动比对验核。

文件依据：《中华人民共和国海关综合保税区管理办法》（海关总署令第256号）。

89. **A综合保税区与B综合保税区之间往来的货物是否征税？**

答： 综合保税区与其他综合保税区等海关特殊监管区域、保税监管场所之间往来的货物予以保税。综合保税区与其他综合保税区等海关特殊监管区域或者保税监管场所之间流转的货物，不征收关税和进口环节税。

文件依据：《中华人民共和国海关综合保税区管理办法》（海关总署令第256号）。

90. 综合保税区内企业将自用机器、设备运往区外进行检测、维修的，是否有时间限制？

答： 区内企业按照海关规定将自用机器、设备及其零部件、模具或者办公用品运往区外进行检测、维修的，检测、维修期间不得在区外用于加工生产和使用，并且应当自运出之日起60日内运回综合保税区。因故不能如期运回的，区内企业应当在期限届满前7日内书面向海关申请延期，延长期限不得超过30日。因特殊情况无法在上述规定时间内完成检测、维修并运回综合保税区的，经海关同意，可以在检测、维修合同期限内运回综合保税区。

文件依据： 《中华人民共和国海关综合保税区管理办法》（海关总署令第256号）。

91. 综合保税区内企业将自用机器、设备及其零部件、模具或者办公用品运往区外进行检测、维修，需要更换零件的，原零件如何处置？

答： 区内企业按照海关规定将自用机器、设备及其零部件、模具或者办公用品运往区外进行检测、维修的，检测、维修期间需要更换零配件的，原零配件应当一并运回综合保税区；确需在区外处置的，海关应当按照原零配件的实际状态征税。

文件依据： 《中华人民共和国海关综合保税区管理办法》（海关总署令第256号）。

92. **综合保税区内企业将模具、原材料、半成品等运往区外进行外发加工，外发加工期限如何规定？**

答：综合保税区内企业按照海关规定将模具、原材料、半成品等运往区外进行外发加工的，外发加工期限不得超过合同有效期，加工完毕的货物应当按期运回综合保税区。

文件依据：《中华人民共和国海关综合保税区管理办法》（海关总署令第256号）。

93. **综合保税区内企业将模具、原材料、半成品等运往区外进行外发加工，产生的边角料、残次品、副产品若不运回综合保税区，应如何处理？**

答：外发加工产生的边角料、残次品、副产品不运回综合保税区的，海关应当按照货物实际状态征税；残次品、副产品属于关税配额、许可证件管理的，区内企业或者区外收发货人应当取得关税配额、许可证件；海关应当对有关关税配额进行验核，对许可证件电子数据进行系统自动比对验核。

文件依据：《中华人民共和国海关综合保税区管理办法》（海关总署令第256号）。

94. **因不可抗力造成综合保税区内货物损毁、灭失的，区内企业应当如何处理？**

答：因不可抗力造成综合保税区内货物损毁、灭失的，区内企业应当及时报告海关。经海关核实后，区内企业可以按照下列规定办理：

（一）货物灭失，或者虽未灭失但完全失去使用价值的，办理核销和免税手续；

（二）境外进入综合保税区或者区外进入综合保税区且已办理出口退税手续的货物损毁，失去部分使用价值的，办理退运手续或者出区内销手续；

（三）区外进入综合保税区且未办理出口退税手续的货物损毁，失去部分使用价值，需要向出口企业进行退换的，办理退运手续。

文件依据：《中华人民共和国海关综合保税区管理办法》（海关总署令第256号）。

95. 因保管不善等非不可抗力因素造成综合保税区内货物损毁、灭失的，区内企业应当如何处理？

答：因保管不善等非不可抗力因素造成区内货物损毁、灭失的，区内企业应当及时报告海关并说明情况。经海关核实后，区内企业可以按照下列规定办理：

（一）境外进入综合保税区的货物，按照一般贸易进口货物的规定办理相关手续，并按照海关审定的货物损毁或灭失前的完税价格，以货物损毁或灭失之日适用的税率、汇率缴纳关税、进口环节税；

（二）区外进入综合保税区的货物，重新缴纳因出口而退还的国内环节有关税收，已缴纳出口关税的，不予退还。

文件依据：《中华人民共和国海关综合保税区管理办法》（海关
总署令第256号）。

96. 简化综合保税区进出区管理是指什么?

答："简化综合保税区进出区管理"是指允许对境内入区的不涉
出口关税、不涉贸易管制证件、不要求退税且不纳入海关统
计的货物、物品，实施便捷进出区管理模式。

文件依据：《关于简化综合保税区进出区管理的公告》（海关总署
公告2019年第50号）。

97. 综合保税区内适用便捷进区管理模式的货物、物品 具体范围是哪些?

答：适用便捷进区管理模式的货物、物品具体范围如下：

（一）区内的基础设施、生产厂房、仓储设施建设过程中所
需的机器、设备、基建物资；

（二）区内企业和行政管理机构自用的办公用品；

（三）区内企业所需的劳保用品；

（四）区内企业用于生产加工及设备维护的少量、急用物料；

（五）区内企业使用的包装物料；

（六）区内企业使用的样品；

（七）区内企业生产经营使用的仪器、工具、机器、设备；

（八）区内人员所需的生活消费品。

文件依据：《关于简化综合保税区进出区管理的公告》（海关总署公告2019年第50号）。

98. 综合保税区内企业承接境内（区外）企业委托加工业务是指什么？

答："境内（区外）企业委托加工"是指区内企业利用监管期限内的免税设备接受区外企业委托，对区外企业提供的入区货物进行加工，加工后的产品全部运往境内（区外），收取加工费，并向海关缴纳税款的行为。委托加工货物包括委托加工的料件（包括来自境内区外的非保税料件和区内企业保税料件）、成品、残次品、废品、副产品和边角料。

文件依据：《关于支持综合保税区内企业承接境内（区外）企业委托加工业务的公告》（海关总署公告2019年第28号）。

99. 综合保税区内企业开展委托加工业务是否需要设立专用账册？是否可以使用区内企业的保税料件？

答：区内企业开展委托加工业务，应当设立专用的委托加工电子账册。委托加工用料件原则上由区外企业提供，对需使用区内企业保税料件的，区内企业应当事先如实向海关报备。

文件依据：《关于支持综合保税区内企业承接境内（区外）企业委托加工业务的公告》（海关总署公告2019年第28号）。

100. 综合保税区内企业承接委托加工用非保税料件由境内（区外）入区时，应如何申报？

答： 委托加工用非保税料件由境内（区外）入区时，区外企业申报监管方式为"出料加工"（代码"1427"），运输方式为"综合保税区"（代码"Y"）；区内企业申报监管方式为"料件进出区"（代码"5000"），运输方式为"其他"（代码"9"）。

文件依据：《关于支持综合保税区内企业承接境内（区外）企业委托加工业务的公告》（海关总署公告2019年第28号）。

101. 综合保税区内企业承接委托加工成品运往境内（区外）时，应如何申报？

答： 委托加工成品运往境内（区外）时，区外企业申报监管方式为"出料加工"（代码"1427"），运输方式为"综合保税区"（代码"Y"）。委托加工成品和加工增值费用分列商品项，并按照以下要求填报：

（一）商品名称与商品编号栏目均按照委托加工成品的实际名称与编码填报；

（二）委托加工成品商品项数量为实际出区数量，征减免税方式为"全免"；

（三）加工增值费用商品项商品名称包含"加工增值费用"，法定数量为0.1，征减免税方式为"照章征税"。

区内企业申报监管方式为"成品进出区"（代码"5100"），运输方式为"其他"（代码"9"），商品名称按照委托加工成品的实际名称填报。加工增值费用完税价格应当以区内发生的加工费和保税料件费为基础确定。其中，保税料件费是指委托加工过程中所耗用全部保税料件的金额，包括成品、残次品、废品、副产品、边角料等。

文件依据：《关于支持综合保税区内企业承接境内（区外）企业委托加工业务的公告》（海关总署公告2019年第28号）。

102. 由境内（区外）入综合保税区的委托加工剩余料件运回境内（区外）时，应如何申报？

答： 由境内（区外）入区的委托加工剩余料件运回境内（区外）时，区外企业申报监管方式为"出料加工"（代码"1427"），运输方式为"综合保税区"（代码"Y"），区内企业申报监管方式为"料件进出区"（代码"5000"），运输方式为"其他"（代码"9"）。

文件依据：《关于支持综合保税区内企业承接境内（区外）企业委托加工业务的公告》（海关总署公告2019年第28号）。

103. 综合保税区内企业承接委托加工电子账册核销周期是否有要求？

答： 委托加工电子账册核销周期最长不超过1年，区内企业应当按照海关监管要求，如实申报企业库存、加工耗用等数据，并根据实际加工情况办理报核手续。

文件依据：《关于支持综合保税区内企业承接境内（区外）企业委托加工业务的公告》（海关总署公告2019年第28号）。

104. 保税核注清单是什么单证？

答：保税核注清单是金关二期保税底账核注的专用单证，属于办理加工贸易及保税监管业务的相关单证。

文件依据：《关于启用保税核注清单的公告》（海关总署公告2018年第23号）。

105. 办理什么业务时需要填制保税核注清单？

答：加工贸易及保税监管企业已设立金关二期保税底账的，在办理货物进出境、进出海关特殊监管区域、保税监管场所，以及开展海关特殊监管区域、保税监管场所、加工贸易企业间保税货物流（结）转业务的，相关企业应按照金关二期保税核注清单系统设定的格式和填制要求向海关报送保税核注清单数据信息，再根据实际业务需要办理报关手续。

文件依据：《关于启用保税核注清单的公告》（海关总署公告2018年第23号）。

106. **企业报送保税核注清单后需要办理报关单（备案清单）申报手续的，报关单数据如何生成？**

答：企业报送保税核注清单后需要办理报关单（备案清单）申报手续的，报关单（备案清单）申报数据由保税核注清单数据归并生成。

文件依据：《关于启用保税核注清单的公告》（海关总署公告2018年第23号）。

107. **海关特殊监管区域、保税监管场所、加工贸易企业间加工贸易及保税货物流转，转出转入企业由谁先报送保税核注清单？**

答：海关特殊监管区域、保税监管场所、加工贸易企业间加工贸易及保税货物流转，应先由转入企业报送进口保税核注清单，再由转出企业报送出口保税核注清单。

文件依据：《关于启用保税核注清单的公告》（海关总署公告2018年第23号）。

108. **海关接受企业报送保税核注清单后，保税核注清单需要修改或者撤销的，如何处理？**

答：海关接受企业报送保税核注清单后，保税核注清单需要修改或者撤销的，按以下方式处理：

（一）货物进出口报关单（备案清单）需撤销的，其对应的保税核注清单应一并撤销；

（二）保税核注清单无须办理报关单（备案清单）申报或对
应报关单（备案清单）尚未申报的，只能申请撤销；

（三）货物进出口报关单（备案清单）修改项目涉及保税核
注清单修改的，应先修改清单，确保清单与报关单（备案清
单）的一致性；

（四）报关单、保税核注清单修改项目涉及保税底账已备案
数据的，应先变更保税底账数据；

（五）保税底账已核销的，保税核注清单不得修改、撤销。
海关对保税核注清单数据有布控复核要求的，在办结相关手
续前不得修改或者撤销保税核注清单。

文件依据：《关于启用保税核注清单的公告》（海关总署公告2018
年第23号）。

109. 符合哪些条件的保税核注清单商品项可归并为
报关单（备案清单）同一商品项？

答：符合下列条件的保税核注清单商品项可归并为报关单（备案
清单）同一商品项。

（一）料号级料件同时满足：10位商品编码相同；申报计量
单位相同；中文商品名称相同；币制相同；原产国（地区）
相同的可予以归并。其中，根据相关规定可予保税的消耗性
物料与其他保税料件不得归并；因管理需要，海关或企业认
为需要单列的商品不得归并。

（二）出口成品同时满足：10位商品编码相同；申报计量单

位相同；中文商品名称相同；币制相同；最终目的国（地区）相同的可予以归并。其中，出口应税商品不得归并；涉及单耗标准与不涉及单耗标准的料号级成品不得归并；因管理需要，海关或企业认为需要单列的商品不得归并。

文件依据：《关于启用保税核注清单的公告》（海关总署公告2018年第23号）。

110. 填报保税核注清单时，清单类型怎么填?

答：清单类型栏按照相关保税监管业务类型填报，包括普通清单、分送集报清单、先入区后报关清单、简单加工清单、保税展示交易清单、区内流转清单、异常补录清单等。

文件依据：《关于启用保税核注清单的公告》（海关总署公告2018年第23号）。

111. 填报保税核注清单时，"清单进出卡口状态"怎么填写?

答：清单进出卡口状态是指特殊监管区域、保税物流中心等货物进出卡口的状态。海关接受清单报送后，根据关联的核放单过卡情况由系统填写。

文件依据：《关于启用保税核注清单的公告》（海关总署公告2018年第23号）。

112. 填报保税核注清单时，"报关类型"怎么填写？

答：报关类型在加工贸易及保税货物需要办理报关单（备案清单）申报手续时填写，包括关联报关、对应报关。

（一）"关联报关"适用于特殊监管区域、保税监管场所申报与区（场所）外进出货物，区（场所）外企业使用手（账）册或无手（账）册。

（二）特殊区域内企业申报的进出区货物需要由本企业办理报关手续的，填写"对应报关"。

（三）"报关标志"栏可填写"非报关"的货物，如填写"报关"时，本栏目必须填写"对应报关"。

（四）其余货物填写"对应报关"。

文件依据：《关于启用保税核注清单的公告》（海关总署公告2018年第23号）。

113. 海关特殊监管区域内可以开展哪些保税维修业务？

答：保税区、出口加工区、保税物流园区、保税港区、综合保税区、珠澳跨境工业区珠海园区以及中哈霍尔果斯边境合作中心中方配套区等区域内可以开展以下保税维修业务：

（一）以保税方式将存在部件损坏、功能失效、质量缺陷等问题的货物从境外运入区域内进行检测、维修后复运出境；

（二）待维修货物从境内（区域外）运入区域内进行检测、

维修后复运回境内（区域外）。

文件依据：《关于海关特殊监管区域内保税维修业务有关监管问题的公告》（海关总署公告2015年第59号）。

114. 综合保税区内企业可以开展哪些保税维修业务？

答： 区域内企业可开展以下保税维修业务：

（一）法律、法规和规章允许的；

（二）国务院批准和国家有关部门批准同意开展的；

（三）区域内企业内销产品包括区域内企业自产或本集团内其他境内企业生产的在境内（区域外）销售的产品的返区维修。除国务院和国家有关部门特别准许外，不得开展国家禁止进出口货物的维修业务。

文件依据：《关于海关特殊监管区域内保税维修业务有关监管问题的公告》（海关总署公告2015年第59号）。

115. 特殊监管区域内企业开展保税维修业务是否需要单独设立账册？

答： 企业开展保税维修业务，应当开设H账册，建立待维修货物、已维修货物（包括经检测维修不能修复的货物）、维修用料件的电子底账。

文件依据：《关于海关特殊监管区域内保税维修业务有关监管问题的公告》（海关总署公告2015年第59号）。

116. 特殊监管区域内企业开展保税维修业务，设立保税维修账册需要符合哪些条件？

答：设立保税维修账册应当符合以下条件：

（一）建立符合海关监管要求的管理制度和计算机管理系统，能够实现对维修耗用等信息的全程跟踪；

（二）与海关之间实行计算机联网并能够按照海关监管要求进行数据交换；

（三）能够对待维修货物、已维修货物、维修用料件、维修过程中替换下的坏损零部件、维修用料件在维修过程中产生的边角料进行专门管理。

按照法律、法规和规章规定须由区域管理部门批准的，企业应当提供有关批准文件。

文件依据：《关于海关特殊监管区域内保税维修业务有关监管问题的公告》（海关总署公告2015年第59号）。

117. 特殊监管区域内企业，保税维修账册核销周期是多久？

答：保税维修业务账册核销周期不超过2年。

文件依据：《关于海关特殊监管区域内保税维修业务有关监管问题的公告》（海关总署公告2015年第59号）。

118. 待维修货物从境外运入区域内进行检测、维修，如何申报？

答：待维修货物从境外运入区域内进行检测、维修（包括经检测维修不能修复的）后应当复运出境。待维修货物从境外进入区域和已维修货物复运出境，区域内企业应当填报进（出）境货物备案清单，监管方式为"保税维修"（代码"1371"）。

文件依据：《关于海关特殊监管区域内保税维修业务有关监管问题的公告》（海关总署公告2015年第59号）。

119. 待维修货物从境内（特殊监管区域外）进入区域，如何申报？

答：待维修货物从境内（区域外）进入区域，区域外企业或区域内企业应当填报出口货物报关单，监管方式为"修理物品"（代码"1300"），同时区域内企业应当填报进境货物备案清单，监管方式为"保税维修"（代码"1371"）。

文件依据：《关于海关特殊监管区域内保税维修业务有关监管问题的公告》（海关总署公告2015年第59号）。

120. 已维修货物复运回境内（特殊监管区域外），区域外企业或区域内企业应当如何申报？

答：已维修货物复运回境内（区域外），区域外企业或区域内企业应当填报进口货物报关单，监管方式为"修理物品"（代

码 "1300"），已维修货物和维修费用分列商品项填报。已维修货物商品项数量为实际出区域数量，征减免税方式为 "全免"；维修费用商品项数量为0.1，征减免税方式为 "照章征税"，商品编号栏目按已维修货物的编码填报；适用海关接受已维修货物申报复运回境内（区域外）之日的税率、汇率。区域内企业应当填报出境货物备案清单，监管方式为 "保税维修"（代码 "1371"），商品名称按已维修货物的实际名称填报。企业应当向海关提交维修合同（或含有保修条款的内销合同）、维修发票等单证。保税维修业务产生的维修费用完税价格以耗用的保税料件费和修理费为基础审查确定。对外发至区域外进行部分工序维修时发生的维修费用，能单独列明的，可以从完税价格中予以扣除。

文件依据：《关于海关特殊监管区域内保税维修业务有关监管问题的公告》（海关总署公告2015年第59号）。

121. 保税仓库是指什么样的仓库？

答： "保税仓库" 是指经海关批准设立的专门存放保税货物及其他未办结海关手续货物的仓库。

文件依据：《中华人民共和国海关对保税仓库及所存货物的管理规定》（海关总署令第105号）。

122. 什么是公用型保税仓库、自用型保税仓库?

答: 保税仓库按照使用对象不同分为公用型保税仓库、自用型保税仓库。

"公用型保税仓库"由主营仓储业务的中国境内独立企业法人经营,专门向社会提供保税仓储服务。

"自用型保税仓库"由特定的中国境内独立企业法人经营,仅存储供本企业自用的保税货物。

文件依据:《中华人民共和国海关对保税仓库及所存货物的管理规定》(海关总署令第105号)。

123. 专用型保税仓库是指哪些?

答: 保税仓库中专门用来存储具有特定用途或特殊种类商品的称为"专用型保税仓库"。

专用型保税仓库包括液体保税仓库、备料保税仓库、寄售维修保税仓库和其他专用型保税仓库。

"液体保税仓库",是指专门提供石油、成品油或者其他散装液体保税仓储服务的保税仓库。

"备料保税仓库",是指加工贸易企业存储为加工复出口产品所进口的原材料、设备及其零部件的保税仓库,所存保税货物仅限于供应本企业。

"寄售维修保税仓库"，是指专门存储为维修外国产品所进口寄售零配件的保税仓库。

文件依据：《中华人民共和国海关对保税仓库及所存货物的管理规定》(海关总署令第105号)。

124. 哪些货物可以存入保税仓库?

答： 下列保税货物及其他未办结海关手续的货物，可以存入保税仓库：

（一）加工贸易进口货物；

（二）转口货物；

（三）供应国际航行船舶和航空器的油料、物料和维修用零部件；

（四）供维修外国产品所进口寄售的零配件；

（五）外商暂存货物；

（六）未办结海关手续的一般贸易货物；

（七）经海关批准的其他未办结海关手续的货物。

文件依据：《中华人民共和国海关对保税仓库及所存货物的管理规定》(海关总署令第105号)。

125. 海关对保税仓库的面积容积标准有何规定?

答： 保税仓库面积容积标准：

（一）公用保税仓库面积不得低于2000平方米；仓库建筑类型为储罐（筒仓）的，容积不得低于5000立方米。

（二）液体保税仓库容积不得低于5000立方米。

（三）寄售维修保税仓库面积不得低于2000平方米。

文件依据：《关于进一步规范保税仓库、出口监管仓库管理有关事项的公告》（海关总署公告2023年第75号）。

126. 保税仓库是否可以转租？

答：保税仓库不得转租、转借给他人经营，不得下设分库。

文件依据：《中华人民共和国海关对保税仓库及所存货物的管理规定》（海关总署令第105号）。

127. 保税仓库内可以进行实质性加工吗？

答：保税仓储货物可以进行包装、分级分类、加刷唛码、分拆、拼装等简单加工，不得进行实质性加工。

文件依据：《中华人民共和国海关对保税仓库及所存货物的管理规定》（海关总署令第105号）。

128. 保税仓库内仓储货物是否有存储期限？

答：保税仓储货物存储期限为1年。确有正当理由的，经海关同意可予以延期；除特殊情况外，延期不得超过1年。

文件依据：《中华人民共和国海关对保税仓库及所存货物的管理
规定》（海关总署令第105号）。

129. 保税仓库内货物进出库是否需要向海关发送到货确认信息？

答：除存储大宗商品、液体货物两仓外，两仓货物进出库应当向
海关发送到货确认信息。仓库经营企业在两仓货物完成实际
进出库24小时内，通过金关二期保税物流管理系统向海关报
送到货确认核放单。超过24小时报送的，应主动向海关说明
有关情况。海关认为有必要加强管理的，可要求存储大宗商
品、液体货物的两仓经营企业按上述要求进行到货确认。

文件依据：《关于进一步规范保税仓库、出口监管仓库管理有关
事项的公告》（海关总署公告2023年第75号）。

130. 保税仓库货物已经办结海关手续，货物提离仓库时间是否有限制？

答：保税仓库货物已经办结海关手续或出口监管仓库货物已经办
结转进口手续的，收发货人应在办结相关手续之日起20日内
提离仓库。特殊情况下，经海关同意可以延期提离，延期后
累计提离时限最长不得超过3个月。

文件依据：《关于进一步规范保税仓库、出口监管仓库管理有关
事项的公告》（海关总署公告2023年第75号）。

131. 综合保税区内企业进口食品需要符合哪些条件可以抽样后放行？

答： 综合保税区内进口的食品，需要进入境内的，可在综合保税区进行合格评定，分批放行；凡需要进行实验室检测的，可在满足以下条件的基础上抽样后即予以放行：

（一）进口商承诺进口食品符合我国食品安全国家标准和相关检验要求（包括包装要求和储存、运输温度要求等）；

（二）进口商已建立完善的食品进口记录和销售记录制度并严格执行。

文件依据：《关于境外进入综合保税区食品检验放行有关事项的公告》（海关总署公告2019年第29号）。

132. 综合保税区内企业开展保税研发业务，是否需要按照加工贸易禁止类目录执行？

答： 区内企业开展保税研发业务不按照加工贸易禁止类目录执行。除法律、行政法规、国务院的规定或国务院有关部门依据法律、行政法规授权作出的规定准许外，不得开展国家禁止进出口货物的保税研发业务。

文件依据：《关于支持综合保税区开展保税研发业务的公告》（海关总署公告2019年第27号）。

133. 综合保税区内企业开展保税研发业务，进境研发料件入区如何申报？

答： 研发料件从境外入区，按照监管方式"特殊区域研发货物"（代码"5010"）申报，运输方式按照实际进出境运输方式申报；研发料件从境内（区外）入区，按照监管方式"料件进出区"（代码"5000"）申报，运输方式按照"其他"（代码"9"）申报。

文件依据：《关于支持综合保税区开展保税研发业务的公告》（海关总署公告2019年第27号）。

134. 综合保税区内开展保税研发的企业研发料件产生的边角料，应当如何处置？

答： 研发料件产生的边角料、坏件、废品等，退运出境按照监管方式"进料边角料复出"（代码"0864"）或"来料边角料复出"（代码"0865"）申报，运输方式按照实际进出境运输方式申报；内销按照监管方式"进料边角料内销"（代码"0844"）或"来料边角料内销"（代码"0845"）申报，运输方式按照"其他"（代码"9"）申报。

文件依据：《关于支持综合保税区开展保税研发业务的公告》（海关总署公告2019年第27号）。

135. 什么是出口监管仓库?

答:"出口监管仓库"是指经海关批准设立,对已办结海关出口手续的货物进行存储、保税物流配送、提供流通性增值服务的仓库。

文件依据:《中华人民共和国海关对出口监管仓库及所存货物的管理办法》(海关总署令第133号)。

136. 出口监管仓库有哪些类型?

答:出口监管仓库分为出口配送型仓库和国内结转型仓库。

"出口配送型仓库"是指存储以实际离境为目的的出口货物的仓库。

"国内结转型仓库"是指存储用于国内结转的出口货物的仓库。

文件依据:《中华人民共和国海关对出口监管仓库及所存货物的管理办法》(海关总署令第133号)。

137. 出口监管仓库可以存储哪些货物?

答:已办结海关出口手续的下列货物,可以存入出口监管仓库:

(一)一般贸易出口货物;

（二）加工贸易出口货物；

（三）从其他海关特殊监管区域、保税监管场所转入的出口货物；

（四）出口配送型仓库可以存放为拼装出口货物而进口的货物，以及为改换出口监管仓库货物包装而进口的包装物料；

（五）其他已办结海关出口手续的货物。

文件依据：《中华人民共和国海关对出口监管仓库及所存货物的管理办法》（海关总署令第133号）。

138. 出口监管仓库不可以存储哪些货物？

答：出口监管仓库不得存放下列货物：

（一）国家禁止进出境货物；

（二）未经批准的国家限制进出境货物；

（三）海关规定不得存放的其他货物。

文件依据：《中华人民共和国海关对出口监管仓库及所存货物的管理办法》（海关总署令第133号）。

139. 出口监管仓库货物存储期限是多久？

答：出口监管仓库所存货物存储期限为6个月。经主管海关同意可以延期，但延期不得超过6个月。货物存储期满前，仓库经营企业应当通知发货人或者其代理人办理货物的出境或者进口手续。

文件依据：《中华人民共和国海关对出口监管仓库及所存货物的管理办法》（海关总署令第 133 号）。

140. 企业的货物存入出口监管仓库后就可以算作出口、享受出口退税政策吗？

答：对经批准享受入仓即予退税政策的出口监管仓库，海关在货物入仓结关后予以办理出口货物退税证明手续。对不享受入仓即予退税政策的出口监管仓库，海关在货物实际离境后办理出口货物退税证明手续。

文件依据：《中华人民共和国海关对出口监管仓库及所存货物的管理办法》（海关总署令第 133 号）。

141. 企业存入出口监管仓库的货物因为品质问题需要退换，应当如何处理？

答：对已存入出口监管仓库因质量问题等要求更换的货物，经仓库所在地主管海关批准，可以更换货物。被更换货物出仓前，更换货物应当先行入仓，并应当与原货物的商品编码、品名、规格型号、数量和价值相同。

文件依据：《中华人民共和国海关对出口监管仓库及所存货物的管理办法》（海关总署令第 133 号）。

142. 什么是保税物流中心（A型）？

答：“保税物流中心（A型）”是指经海关批准，由中国境内企业法人经营、专门从事保税仓储物流业务的保税监管场所。按照服务范围分为公用型保税物流中心和自用型保税物流中心。

"公用型保税物流中心"是指由专门从事仓储物流业务的中国境内企业法人经营，向社会提供保税仓储物流综合服务的保税监管场所。

"自用型保税物流中心"是指中国境内企业法人经营，仅向本企业或者本企业集团内部成员提供保税仓储物流服务的保税监管场所。

文件依据：《中华人民共和国海关对保税物流中心（A型）的暂行管理办法》（海关总署令第129号）。

143. 什么是保税物流中心（B型）？

答：“保税物流中心（B型）”是指经海关批准，由中国境内一家企业法人经营，多家企业进入并从事保税仓储物流业务的保税监管场所。

文件依据：《中华人民共和国海关对保税物流中心（B型）的暂行管理办法》（海关总署令第130号）。

144. **保税物流中心（A 型）、保税物流中心（B 型）可以存储什么货物?**

答：下列货物，经海关批准可以存入物流中心：

（一）国内出口货物；

（二）转口货物和国际中转货物；

（三）外商暂存货物；

（四）加工贸易进出口货物；

（五）供应国际航行船舶和航空器的物料、维修用零部件；

（六）供维修外国产品所进口寄售的零配件；

（七）未办结海关手续的一般贸易进口货物；

（八）经海关批准的其他未办结海关手续的货物。

"国际中转货物"是指由境外启运，经中转港换装国际航线运输工具后，继续运往第三国或地区指运口岸的货物。

文件依据：《中华人民共和国海关对保税物流中心（A 型）的暂行管理办法》（海关总署令第 129 号）、《中华人民共和国海关对保税物流中心（B 型）的暂行管理办法》（海关总署令第 130 号）。

145. **保税物流中心（A 型）、保税物流中心（B 型）货物的存储期限分别为多久?**

答：保税物流中心（A 型）内货物保税存储期限为 1 年。确有正当理由的，经主管海关同意可以予以延期，除特殊情况外，延期不得超过 1 年。

保税物流中心（B型）内货物保税存储期限为2年。确有正当理由的，经主管海关同意可以予以延期，除特殊情况外，延期不得超过1年。

文件依据：《中华人民共和国海关对保税物流中心（A型）的暂行管理办法》（海关总署令第129号）、《中华人民共和国海关对保税物流中心（B型）的暂行管理办法》（海关总署令第130号）。

146. 保税物流中心（A型）、保税物流中心（B型）内企业可以开展哪些业务？

答：可以开展以下业务：

（一）保税存储进出口货物及其他未办结海关手续货物；

（二）对所存货物开展流通性简单加工和增值服务；

（三）全球采购和国际分拨、配送；

（四）转口贸易和国际中转业务；

（五）经海关批准的其他国际物流业务。

文件依据：《中华人民共和国海关对保税物流中心（A型）的暂行管理办法》（海关总署令第129号）、《中华人民共和国海关对保税物流中心（B型）的暂行管理办法》（海关总署令第130号）。

147. **保税物流中心（Ａ型）、保税物流中心（Ｂ型）内企业不可以开展哪些业务？**

答：保税物流中心（Ａ型）、保税物流中心（Ｂ型）内企业不可以开展以下业务：

（一）商业零售；

（二）生产和加工制造；

（三）维修、翻新和拆解；

（四）存储国家禁止进出口货物，以及危害公共安全、公共卫生或者健康、公共道德或者秩序的国家限制进出口货物；

（五）法律、行政法规明确规定不能享受保税政策的货物；

（六）其他与物流中心无关的业务。

文件依据：《中华人民共和国海关对保税物流中心（Ａ型）的暂行管理办法》（海关总署令第129号）、《中华人民共和国海关对保税物流中心（Ｂ型）的暂行管理办法》（海关总署令第130号）。

148. **从境外将货物运入物流中心需要缴税吗？**

答：从境外进入物流中心内的货物，其关税和进口环节海关代征税，按照下列规定办理：

（一）经批准可以存入物流中心的货物（问题144中所列货物）予以保税；

（二）物流中心企业进口自用的办公用品、交通运输工具、生活消费用品等，以及物流中心开展综合物流服务所需进口的机器、装卸设备、管理设备等，按照进口货物的有关规定和税收政策办理相关手续。

文件依据：《中华人民共和国海关对保税物流中心（A 型）的暂行管理办法》（海关总署令第 129 号）、《中华人民共和国海关对保税物流中心（B 型）的暂行管理办法》（海关总署令第 130 号）。

149. 保税物流中心和境内进出货物如何申报？

答： 保税物流中心货物进入境内视同进口，按照货物实际贸易方式和实际状态办理进口报关手续；货物属许可证件管理商品的，企业还应当取得有效的许可证件，海关对有关许可证件电子数据进行系统自动比对验核；实行集中申报的进出口货物，应当适用每次货物进出口时海关接受申报之日实施的税率、汇率。

货物从境内进入物流中心视同出口，办理出口报关手续。需缴纳出口关税的，应当按照规定纳税；属许可证件管理商品的，还应当取得有效的出口许可证件。海关对有关出口许可证件电子数据进行系统自动比对验核。

从境内运入物流中心的原进口货物，境内发货人应当向海关办理出口报关手续，经主管海关验放；已经缴纳的关税和进口环节海关代征税，不予退还。

文件依据：《中华人民共和国海关对保税物流中心（A型）的暂行管理办法》（海关总署令第129号）、《中华人民共和国海关对保税物流中心（B型）的暂行管理办法》（海关总署令第130号）。

150. 保税物流中心注册登记的有效期是多久？到期前如何申请延期？

答：《保税物流中心（A型）注册登记证书》《保税物流中心（B型）注册登记证书》有效期均为3年。保税物流中心（A型）、保税物流中心（B型）经营企业应当在每次有效期满30日前办理延期手续。其中，A型由主管海关受理，报直属海关审批。B型由直属海关受理，报海关总署审批。

经营企业办理延期手续应当提交《保税物流中心（A型）注册登记证书》或《保税物流中心（B型）注册登记证书》。海关对审查合格的企业准予延期3年。

文件依据：《中华人民共和国海关对保税物流中心（A型）的暂行管理办法》（海关总署令第129号）、《中华人民共和国海关对保税物流中心（B型）的暂行管理办法》（海关总署令第130号）。

附　录 [1]

中华人民共和国海关加工贸易货物监管办法

（2014年3月12日海关总署令第219号公布　根据2017年12月20日海关总署令第235号公布的《海关总署关于修改部分规章的决定》第一次修正　根据2018年5月29日海关总署令第240号《海关总署关于修改部分规章的决定》第二次修正　根据2018年11月23日海关总署令第243号《海关总署关于修改部分规章的决定》第三次修正　根据2020年12月11日海关总署令第247号《海关总署关于修改部分规章的决定》第四次修正　根据2023年3月9日海关总署令第262号《海关总署关于修改部分规章的决定》第五次修正）

第一章　总　则

第一条　为了促进加工贸易健康发展，规范海关对加工贸易货物管理，根据《中华人民共和国海关法》（以下简称《海关法》）以及其他有关法律、行政法规，制定本办法。

第二条　本办法适用于办理加工贸易货物手册设立、进出口报关、加工、监管、核销手续。

加工贸易经营企业、加工企业、承揽者应当按照本办法规定接受海关监管。

第三条　本办法所称"加工贸易"是指经营企业进口全部或者部分原辅材料、零部件、元器件、包装物料（以下统称料件），经过加工或者装配后，将制成品复出口的经营活动，包括来料加工和进

1　本附录仅收录使用频率校高的规章和规范性文件，按前文出现顺序排列。

料加工。

第四条 除国家另有规定外，加工贸易进口料件属于国家对进口有限制性规定的，经营企业免于向海关提交进口许可证件。

加工贸易出口制成品属于国家对出口有限制性规定的，经营企业应当取得出口许可证件。海关对有关出口许可证件电子数据进行系统自动比对验核。

第五条 加工贸易项下进口料件实行保税监管的，加工成品出口后，海关根据核定的实际加工复出口的数量予以核销。

加工贸易项下进口料件按照规定在进口时先行征收税款的，加工成品出口后，海关根据核定的实际加工复出口的数量退还已征收的税款。

加工贸易项下的出口产品属于应当征收出口关税的，海关按照有关规定征收出口关税。

第六条 海关按照国家规定对加工贸易货物实行担保制度。

经海关批准并办理有关手续，加工贸易货物可以抵押。

第七条 海关对加工贸易实行分类监管，具体管理办法由海关总署另行制定。

第八条 海关可以对加工贸易企业进行核查，企业应当予以配合。

海关核查不得影响企业的正常经营活动。

第九条 加工贸易企业应当根据《中华人民共和国会计法》以及海关有关规定，设置符合海关监管要求的账簿、报表以及其他有关单证，记录与本企业加工贸易货物有关的进口、存储、转让、转移、销售、加工、使用、损耗和出口等情况，凭合法、有效凭证记账并且进行核算。

加工贸易企业应当将加工贸易货物与非加工贸易货物分开管理。加工贸易货物应当存放在经海关备案的场所，实行专料专放。企业变更加工贸易货物存放场所的，应当事先通知海关，并办理备案变更手续。

第二章　加工贸易货物手册设立

第十条　经营企业应当向加工企业所在地主管海关办理加工贸易货物的手册设立手续。

第十一条　除另有规定外，经营企业办理加工贸易货物的手册设立，应当向海关如实申报贸易方式、单耗、进出口口岸，以及进口料件和出口成品的商品名称、商品编号、规格型号、价格和原产地等情况，并且提交经营企业对外签订的合同。经营企业委托加工的，还应当提交与加工企业签订的委托加工合同。

经营企业自身有加工能力的，应当取得主管部门签发的《加工贸易加工企业生产能力证明》；经营企业委托加工的，应当取得主管部门签发的加工企业《加工贸易加工企业生产能力证明》。

第十二条　经营企业按照本办法第十条、第十一条规定，提交齐全、有效的单证材料，申报设立手册的，海关应当自接受企业手册设立申报之日起5个工作日内完成加工贸易手册设立手续。

需要办理担保手续的，经营企业按照规定提供担保后，海关办理手册设立手续。

第十三条　有下列情形之一的，海关应当在经营企业提供相当于应缴税款金额的保证金或者银行、非银行金融机构保函后办理手册设立手续：

（一）涉嫌走私，已经被海关立案侦查，案件尚未审结的；

（二）由于管理混乱被海关要求整改，在整改期内的。

第十四条　有下列情形之一的，海关可以要求经营企业在办理手册设立手续时提供相当于应缴税款金额的保证金或者银行、非银行金融机构保函：

（一）租赁厂房或者设备的；

（二）首次开展加工贸易业务的；

（三）加工贸易手册延期两次（含两次）以上的；

（四）办理异地加工贸易手续的；

（五）涉嫌违规，已经被海关立案调查，案件尚未审结的。

第十五条　加工贸易企业有下列情形之一的，不得办理手册设立手续：

（一）进口料件或者出口成品属于国家禁止进出口的；

（二）加工产品属于国家禁止在我国境内加工生产的；

（三）进口料件不宜实行保税监管的；

（四）经营企业或者加工企业属于国家规定不允许开展加工贸易的；

（五）经营企业未在规定期限内向海关报核已到期的加工贸易手册，又重新申报设立手册的。

第十六条　经营企业办理加工贸易货物的手册设立，申报内容、提交单证与事实不符的，海关应当按照下列规定处理：

（一）货物尚未进口的，海关注销其手册；

（二）货物已进口的，责令企业将货物退运出境。

本条第一款第（二）项规定情形下，经营企业可以向海关申请提供相当于应缴税款金额的保证金或者银行、非银行金融机构保函，并且继续履行合同。

第十七条　已经办理加工贸易货物的手册设立手续的经营企业可以向海关领取加工贸易手册分册、续册。

第十八条　加工贸易货物手册设立内容发生变更的，经营企业应当在加工贸易手册有效期内办理变更手续。

第三章　加工贸易货物进出口、加工

第十九条　经营企业进口加工贸易货物，可以从境外或者海关特殊监管区域、保税监管场所进口，也可以通过深加工结转方式转入。

经营企业出口加工贸易货物，可以向境外或者海关特殊监管区域、保税监管场所出口，也可以通过深加工结转方式转出。

第二十条 经营企业以加工贸易方式进出口的货物，列入海关统计。

第二十一条 加工贸易企业开展深加工结转的，转入企业、转出企业应当向各自的主管海关申报，办理实际收发货以及报关手续。具体管理规定由海关总署另行制定并公布。

有下列情形之一的，加工贸易企业不得办理深加工结转手续：

（一）不符合海关监管要求，被海关责令限期整改，在整改期内的；

（二）有逾期未报核手册的；

（三）由于涉嫌走私已经被海关立案调查，尚未结案的。

加工贸易企业未按照海关规定进行收发货的，不得再次办理深加工结转手续。

第二十二条 经营企业开展外发加工业务，应当按照外发加工的相关管理规定自外发之日起3个工作日内向海关办理备案手续。

经营企业开展外发加工业务，不得将加工贸易货物转卖给承揽者；承揽者不得将加工贸易货物再次外发。

经营企业将全部工序外发加工的，应当在办理备案手续的同时向海关提供相当于外发加工货物应缴税款金额的保证金或者银行、非银行金融机构保函。

第二十三条 外发加工的成品、剩余料件以及生产过程中产生的边角料、残次品、副产品等加工贸易货物，经营企业向所在地主管海关办理相关手续后，可以不运回本企业。

第二十四条 海关对加工贸易货物实施监管的，经营企业和承揽者应当予以配合。

第二十五条 加工贸易货物应当专料专用。

经海关核准，经营企业可以在保税料件之间、保税料件与非保税料件之间进行串换，但是被串换的料件应当属于同一企业，并且应当遵循同品种、同规格、同数量、不牟利的原则。

来料加工保税进口料件不得串换。

第二十六条 由于加工工艺需要使用非保税料件的，经营企业应当事先向海关如实申报使用非保税料件的比例、品种、规格、型号、数量。

经营企业按照本条第一款规定向海关申报的，海关核销时应当在出口成品总耗用量中予以核扣。

第二十七条 经营企业进口料件由于质量存在瑕疵、规格型号与合同不符等原因，需要返还原供货商进行退换，以及由于加工贸易出口产品售后服务需要而出口未加工保税料件的，可以直接向口岸海关办理报关手续。

已经加工的保税进口料件不得进行退换。

第四章 加工贸易货物核销

第二十八条 经营企业应当在规定的期限内将进口料件加工复出口，并且自加工贸易手册项下最后一批成品出口或者加工贸易手册到期之日起30日内向海关报核。

经营企业对外签订的合同提前终止的，应当自合同终止之日起30日内向海关报核。

第二十九条 经营企业报核时应当向海关如实申报进口料件、出口成品、边角料、剩余料件、残次品、副产品以及单耗等情况，并且按照规定提交相关单证。

经营企业按照本条第一款规定向海关报核，单证齐全、有效的，海关应当受理报核。

第三十条 海关核销可以采取纸质单证核销、电子数据核销的方式，必要时可以下厂核查，企业应当予以配合。

海关应当自受理报核之日起30日内予以核销。特殊情况需要延长的，经直属海关关长或者其授权的隶属海关关长批准可以延长30日。

第三十一条 加工贸易保税进口料件或者成品内销的，海关对保税进口料件依法征收税款并且加征缓税利息，另有规定的除外。

进口料件属于国家对进口有限制性规定的，经营企业还应当向海关提交进口许可证件。

第三十二条 经营企业因故将加工贸易进口料件退运出境的，海关凭有关退运单证核销。

第三十三条 经营企业在生产过程中产生的边角料、剩余料件、残次品、副产品和受灾保税货物，按照海关对加工贸易边角料、剩余料件、残次品、副产品和受灾保税货物的管理规定办理，海关凭有关单证核销。

第三十四条 经营企业遗失加工贸易手册的，应当及时向海关报告。

海关按照有关规定处理后对遗失的加工贸易手册予以核销。

第三十五条 对经核销结案的加工贸易手册，海关向经营企业签发《核销结案通知书》。

第三十六条 经营企业已经办理担保的，海关在核销结案后按照规定解除担保。

第三十七条 加工贸易货物的手册设立和核销单证自加工贸易手册核销结案之日起留存3年。

第三十八条 加工贸易企业出现分立、合并、破产、解散或者其他停止正常生产经营活动情形的，应当及时向海关报告，并且办结海关手续。

加工贸易货物被人民法院或者有关行政执法部门封存的，加工贸易企业应当自加工贸易货物被封存之日起5个工作日内向海关报告。

第五章 附 则

第三十九条 违反本办法，构成走私行为、违反海关监管规定行为或者其他违反《中华人民共和国海关法》行为的，由海关依照《中华人民共和国海关法》和《中华人民共和国海关行政处罚实施条例》的有关规定予以处理；构成犯罪的，依法追究刑事责任。

第四十条 本办法中下列用语的含义：

来料加工，是指进口料件由境外企业提供，经营企业不需要付汇进口，按照境外企业的要求进行加工或者装配，只收取加工费，制成品由境外企业销售的经营活动。

进料加工，是指进口料件由经营企业付汇进口，制成品由经营企业外销出口的经营活动。

加工贸易货物，是指加工贸易项下的进口料件、加工成品以及加工过程中产生的边角料、残次品、副产品等。

加工贸易企业，包括经海关备案的经营企业和加工企业。

经营企业，是指负责对外签订加工贸易进出口合同的各类进出口企业和外商投资企业，以及依法开展来料加工经营活动的对外加工装配服务公司。

加工企业，是指接受经营企业委托，负责对进口料件进行加工或者装配，并且具有法人资格的生产企业，以及由经营企业设立的虽不具有法人资格，但是实行相对独立核算并已经办理工商营业证（执照）的工厂。

单位耗料量，是指加工贸易企业在正常生产条件下加工生产单位出口成品所耗用的进口料件的数量，简称单耗。

深加工结转，是指加工贸易企业将保税进口料件加工的产品转至另一加工贸易企业进一步加工后复出口的经营活动。

承揽者，是指与经营企业签订加工合同，承接经营企业委托的外发加工业务的企业或者个人。

外发加工，是指经营企业委托承揽者对加工贸易货物进行加工，在规定期限内将加工后的产品最终复出口的行为。

核销，是指加工贸易经营企业加工复出口或者办理内销等海关手续后，凭规定单证向海关报核，海关按照规定进行核查以后办理解除监管手续的行为。

第四十一条 实施联网监管的加工贸易企业开展加工贸易业务，按照海关对加工贸易企业实施计算机联网监管的管理规定办理。

第四十二条 加工贸易企业在海关特殊监管区域内开展加工贸易业务，按照海关对海关特殊监管区域的相关管理规定办理。

第四十三条 单耗的申报与核定，按照海关对加工贸易单耗的管理规定办理。

第四十四条 海关对加工贸易货物进口时先征收税款出口后予以退税的管理规定另行制定。

第四十五条 本办法由海关总署负责解释。

第四十六条 本办法自公布之日起施行。2004年2月26日以海关总署令第113号发布，并经海关总署令第168号、195号修正的《中华人民共和国海关对加工贸易货物监管办法》同时废止。

中华人民共和国海关加工贸易单耗管理办法

（2007年1月4日海关总署令第155号发布　根据2014年3月13日海关总署令第218号《海关总署关于修改部分规章的决定》第一次修正　根据2018年5月29日海关总署令第240号《海关总署关于修改部分规章的决定》第二次修正　根据2018年11月23日海关总署令第243号《海关总署关于修改部分规章的决定》第三次修正）

第一章　总　则

第一条　为了规范加工贸易单耗（以下简称单耗）管理，促进加工贸易的健康发展，根据《中华人民共和国海关法》以及其他有关法律、行政法规的规定，制定本办法。

第二条　海关对单耗的管理适用本办法。

第三条　单耗是指加工贸易企业在正常加工条件下加工单位成品所耗用的料件量，单耗包括净耗和工艺损耗。

第四条　加工贸易企业应当在加工贸易手册设立环节向海关进行单耗备案。

第五条　单耗管理应当遵循如实申报、据实核销的原则。

第六条　加工贸易企业向海关提供的资料涉及商业秘密，要求海关保密并向海关提出书面申请的，海关应当依法予以保密。加工贸易企业不得以保密为由，拒绝向海关提供有关资料。

第二章　单耗标准

第七条　单耗标准是指供通用或者重复使用的加工贸易单位成

品耗料量的准则。单耗标准设定最高上限值，其中出口应税成品单耗标准增设最低下限值。

第八条 单耗标准由海关根据有关规定会同相关部门制定。

第九条 单耗标准应当以海关公告形式对外发布。

第十条 单耗标准适用于海关特殊监管区域、保税监管场所外的加工贸易企业，海关特殊监管区域、保税监管场所内的加工贸易企业不适用单耗标准。

第十一条 海关特殊监管区域、保税监管场所外的加工贸易企业应当在单耗标准内向海关进行单耗备案或者单耗申报。

海关特殊监管区域、保税监管场所外的加工贸易企业申报的单耗在单耗标准内的，海关按照申报的单耗对保税料件进行核销；申报的单耗超出单耗标准的，海关按照单耗标准的最高上限值或者最低下限值对保税料件进行核销。

第十二条 尚未公布单耗标准的，加工贸易企业应当如实向海关申报单耗，海关按照加工贸易企业的实际单耗对保税料件进行核销。

第三章　申报单耗

第十三条 申报单耗是指加工贸易企业向海关报告单耗的行为。

第十四条 加工贸易企业应当在成品出口、深加工结转或者内销前如实向海关申报单耗。

加工贸易企业确有正当理由无法按期申报单耗的，应当留存成品样品以及相关单证，并在成品出口、深加工结转或者内销前提出书面申请，经主管海关批准的，加工贸易企业可以在报核前申报单耗。

第十五条 加工贸易企业申报单耗应当包括以下内容：

（一）加工贸易项下料件和成品的商品名称、商品编号、计量单位、规格型号和品质；

（二）加工贸易项下成品的单耗；

（三）加工贸易同一料件有保税和非保税料件的，应当申报非保料件的比例、商品名称、计量单位、规格型号和品质。

第十六条 下列情况不列入工艺损耗范围：

（一）因突发停电、停水、停气或者其他人为原因造成保税料件、半成品、成品的损耗；

（二）因丢失、破损等原因造成的保税料件、半成品、成品的损耗；

（三）因不可抗力造成保税料件、半成品、成品灭失、损毁或者短少的损耗；

（四）因进口保税料件和出口成品的品质、规格不符合合同要求，造成用料量增加的损耗；

（五）因工艺性配料所用的非保税料件所产生的损耗；

（六）加工过程中消耗性材料的损耗。

第十七条 加工贸易企业可以向海关申请办理单耗变更或者撤销手续，但下列情形除外：

（一）保税成品已经申报出口的；

（二）保税成品已经办理深加工结转的；

（三）保税成品已经申请内销的；

（四）海关已经对单耗进行核定的；

（五）海关已经对加工贸易企业立案调查的。

第四章 单耗审核

第十八条 单耗审核是指海关依据本办法审查核实加工贸易企业申报的单耗是否符合有关规定、是否与加工实际相符的行为。

第十九条 海关为核查单耗的真实性和准确性，可以行使下列职权：

（一）查阅、复制加工贸易项下料件、成品的样品、影像、图片、图样、品质、成分、规格型号以及加工合同、订单、加工计划、加工报表、成本核算等账册和资料；

（二）查阅、复制工艺流程图、排料图、工料单、配料表、质量检测标准等能反映成品的技术要求、加工工艺过程以及相应耗料的有关资料；

（三）要求加工贸易企业提供核定单耗的计算方法、计算公式；

（四）对保税料件和成品进行查验或者提取货样进行检验或者化验；

（五）询问加工贸易企业的法定代表人、主要负责人和其他有关人员涉及单耗的有关情况和问题；

（六）进入加工贸易企业的货物存放所、加工场所，检查与单耗有关的货物以及加工情况；

（七）对加工产品的单耗情况进行现场测定，必要时，可以留取样品。

第二十条　海关对加工贸易企业申报的单耗进行审核，符合规定的，接受加工贸易企业的申报。

第二十一条　海关对加工贸易企业申报单耗的真实性、准确性有疑问的，应当制发《中华人民共和国海关加工贸易单耗质疑通知书》（以下简称《单耗质疑通知书》，格式见附件），将质疑理由书面告知加工贸易企业的法定代表人或者其代理人。

第二十二条　加工贸易企业的法定代表人或者其代理人应当自收到《单耗质疑通知书》之日起10个工作日内，以书面形式向海关提供有关资料。

第二十三条　加工贸易企业未能在海关规定期限内提供有关资料、提供的资料不充分或者提供的资料无法确定单耗的，海关应当对单耗进行核定。

第二十四条　海关可以单独或者综合使用技术分析、实际测定、成本核算等方法对加工贸易企业申报的单耗进行核定。

第二十五条　单耗核定前，加工贸易企业缴纳保证金或者提供银行担保，并经海关同意的，可以先行办理加工贸易料件和成品的进出口、深加工结转或者内销等海关手续。

第二十六条　加工贸易企业对单耗核定结果有异议的，可以向作出单耗核定海关的上一级海关提出书面复核申请，上一级海关应当自收到复核申请后45日内作出复核决定。

第五章　附　则

第二十七条　本办法下列用语的含义：

净耗，是指在加工后，料件通过物理变化或者化学反应存在或者转化到单位成品中的量。

工艺损耗，是指因加工工艺原因，料件在正常加工过程中除净耗外所必需耗用、但不能存在或者转化到成品中的量，包括有形损耗和无形损耗。工艺损耗率，是指工艺损耗占所耗用料件的百分比。单耗=净耗/（1–工艺损耗率）。

技术分析方法，是指海关通过对成品的结构、成分、配方、工艺要求等影响单耗的各种因素进行分析和计算，核定成品单耗的方法。

实际测定方法，是指海关运用称量和计算等方法，对加工过程中单耗进行测定，通过综合分析核定成品单耗的方法。

成本核算方法，是指海关根据会计账册、加工记录、仓库账册等原料消耗的统计资料，进行对比和分析，计算核定成品单耗的方法。

第二十八条　违反本办法，构成走私或者违反海关监管规定行为的，由海关依照《中华人民共和国海关法》和《中华人民共和国

海关行政处罚实施条例》的有关规定予以处理；构成犯罪的，依法
追究刑事责任。

第二十九条 本办法由海关总署负责解释。

第三十条 本办法自2007年3月1日起施行。2002年3月11日
海关总署令第96号发布的《中华人民共和国海关加工贸易单耗管理
办法》同时废止。

中华人民共和国海关关于加工贸易边角料、剩余料件、残次品、副产品和受灾保税货物的管理办法

（2004年5月25日海关总署令第111号发布　根据2010年11月26日海关总署令第198号《海关总署关于修改部分规章的决定》第一次修正　根据2014年3月13日海关总署令第218号《海关总署关于修改部分规章的决定》第二次修正　根据2017年12月20日海关总署令第235号《海关总署关于修改部分规章的决定》第三次修正　根据2018年4月28日海关总署令第238号《海关总署关于修改部分规章的决定》第四次修正　根据2018年11月23日海关总署令第243号《海关总署关于修改部分规章的决定》第五次修正）

第一条　为了规范对加工贸易保税进口料件在加工过程中产生的边角料、剩余料件、残次品、副产品和受灾保税货物的海关监管，根据《中华人民共和国海关法》（以下简称《海关法》）以及有关法律、行政法规，制定本办法。

第二条　本办法下列用语的含义：

边角料，是指加工贸易企业从事加工复出口业务，在海关核定的单位耗料量内（以下简称单耗）、加工过程中产生的、无法再用于加工该合同项下出口制成品的数量合理的废、碎料及下脚料。

剩余料件，是指加工贸易企业在从事加工复出口业务过程中剩余的、可以继续用于加工制成品的加工贸易进口料件。

残次品，是指加工贸易企业从事加工复出口业务，在生产过程中产生的有严重缺陷或者达不到出口合同标准，无法复出口的制品（包括完成品和未完成品）。

副产品，是指加工贸易企业从事加工复出口业务，在加工生产出口合同规定的制成品（即主产品）过程中同时产生的，并且出口合同未规定应当复出口的一个或者一个以上的其他产品。

受灾保税货物，是指加工贸易企业从事加工出口业务中，由于不可抗力原因或者其他经海关审核认可的正当理由造成灭失、短少、损毁等导致无法复出口的保税进口料件和制品。

第三条 加工贸易保税进口料件加工后产生的边角料、剩余料件、残次品、副产品及受灾保税货物属海关监管货物，未经海关许可，任何企业、单位、个人不得擅自销售或者移作他用。

第四条 加工贸易企业申请内销边角料的：

（一）海关按照加工贸易企业向海关申请内销边角料的报验状态归类后适用的税率和审定的边角料价格计征税款，免征缓税利息；

（二）海关按照加工贸易企业向海关申请内销边角料的报验状态归类后，属于发展改革委员会、商务部、生态环境部及其授权部门进口许可证件管理范围的，免于提交许可证件。

第五条 加工贸易企业申报将剩余料件结转到另一个加工贸易合同使用，限同一经营企业、同一加工企业、同样进口料件和同一加工贸易方式。凡具备条件的，海关按规定核定单耗后，企业可以办理该合同核销及其剩余料件结转手续。剩余料件转入合同已经商务主管部门审批的，由原审批部门按变更方式办理相关手续，如剩余料件的转入量不增加已批合同的进口总量，则免于办理变更手续；转入合同为新建合同的，由商务主管部门按现行加工贸易审批管理规定办理。

加工贸易企业申报剩余料件结转有下列情形之一的，企业缴纳不超过结转保税料件应缴纳税款金额的风险担保金后，海关予以办理：

（一）同一经营企业申报将剩余料件结转到另一加工企业的；

（二）剩余料件转出金额达到该加工贸易合同项下实际进口料件总额50%及以上的；

（三）剩余料件所属加工贸易合同办理两次及两次以上延期手续的；

剩余料件结转涉及不同主管海关的，在双方海关办理相关手续，并由转入地海关收取风险担保金。

前款所列须缴纳风险担保金的加工贸易企业有下列情形之一的，免于缴纳风险担保金：

（一）适用加工贸易A类管理的；

（二）已实行台账实转的合同，台账实转金额不低于结转保税料件应缴税款金额的；

（三）原企业发生搬迁、合并、分立、重组、改制、股权变更等法律规定的情形，且现企业继承原企业主要权利义务或者债权债务关系的，剩余料件结转不受同一经营企业、同一加工企业、同一贸易方式限制。

第六条　加工贸易企业申请内销剩余料件或者内销用剩余料件生产的制成品，按照下列情况办理：

（一）剩余料件金额占该加工贸易合同项下实际进口料件总额3%以内（含3%），并且总值在人民币1万元以下（含1万元）的，由主管海关对剩余料件按照规定计征税款和税款缓税利息后予以核销。剩余料件属于发展改革委、商务部、生态环境部及其授权部门进口许可证件管理范围的，免于提交许可证件。

（二）剩余料件金额占该加工贸易合同项下实际进口料件总额3%以上或者总值在人民币1万元以上的，海关对合同内销的全部剩余料件按照规定计征税款和缓税利息。剩余料件属于进口许可证件管理的，企业还应当按照规定取得有关进口许可证件。海关对有关进口许可证件电子数据进行系统自动比对验核。

（三）使用剩余料件生产的制成品需要内销的，海关根据其对应的进口料件价值，按照本条第（一）项或者第（二）项的规定办理。

第七条 加工贸易企业需要内销残次品的，根据其对应的进口料件价值，参照本办法第六条第（一）项或者第（二）项的规定办理。

第八条 加工贸易企业在加工生产过程中产生或者经回收能够提取的副产品，未复出口的，加工贸易企业在向海关办理手册设立或者核销手续时应当如实申报。

对于需要内销的副产品，海关按照加工贸易企业向海关申请内销副产品的报验状态归类后的适用税率和审定的价格，计征税款和缓税利息。

海关按照加工贸易企业向海关申请内销副产品的报验状态归类后，属于进口许可证件管理的，企业还应当按照规定取得有关进口许可证件。海关对有关进口许可证件电子数据进行系统自动比对验核。

第九条 加工贸易受灾保税货物（包括边角料、剩余料件、残次品、副产品）在运输、仓储、加工期间发生灭失、短少、损毁等情事的，加工贸易企业应当及时向主管海关报告，海关可以视情派员核查取证。

（一）因不可抗力因素造成的加工贸易受灾保税货物，经海关核实，对受灾保税货物灭失或者虽未灭失，但是完全失去使用价值且无法再利用的，海关予以免税核销；对受灾保税货物虽失去原使用价值，但是可以再利用的，海关按照审定的受灾保税货物价格、其对应进口料件适用的税率计征税款和税款缓税利息后核销。受灾保税货物对应的原进口料件，属于发展改革委、商务部、生态环境部及其授权部门进口许可证件管理范围的，免于提交许可证件。企业在规定的核销期内报核时，应当提供保险公司出具的保险赔款通知书和海关认可的其他有效证明文件。

（二）除不可抗力因素外，加工贸易企业因其他经海关审核认可的正当理由导致加工贸易保税货物在运输、仓储、加工期间发生灭失、短少、损毁等情事的，海关凭有关主管部门出具的证明文件和保险公司出具的保险赔款通知书，按照规定予以计征税款和缓税利息后办理核销手续。本款所规定的受灾保税货物对应的原进口料件，属于进口许可证件管理范围的，企业应当按照规定取得有关进口许可证件。海关对有关进口许可证件电子数据进行系统自动比对验核。本办法第四条、第六条、第七条规定免于提交进口许可证件的除外。

第十条　加工贸易企业因故申请将边角料、剩余料件、残次品、副产品或者受灾保税货物退运出境的，海关按照退运的有关规定办理，凭有关退运证明材料办理核销手续。

第十一条　加工贸易企业因故无法内销或者退运的边角料、剩余料件、残次品、副产品或者受灾保税货物，由加工贸易企业委托具有法定资质的单位进行销毁处置，海关凭相关单证、处置单位出具的接收单据和处置证明等资料办理核销手续。

海关可以派员监督处置，加工贸易企业及有关处置单位应当给予配合。加工贸易企业因处置获得的收入，应当向海关如实申报，海关比照边角料内销征税的管理规定办理征税手续。

第十二条　对实行进口关税配额管理的边角料、剩余料件、残次品、副产品和受灾保税货物，按照下列情况办理：

（一）边角料按照加工贸易企业向海关申请内销的报验状态归类属于实行关税配额管理商品的，海关按照关税配额税率计征税款；

（二）副产品按照加工贸易企业向海关申请内销的报验状态归类属于实行关税配额管理的，企业如果能够按照规定向海关提交有关进口配额许可证件，海关按照关税配额税率计征税款；企业如果未能按照规定向海关提交有关进口配额许可证件，海关按照有关规定办理；

（三）剩余料件、残次品对应进口料件属于实行关税配额管理的，企业如果能够按照规定向海关提交有关进口配额许可证件，海关按照关税配额税率计征税款；企业如果未能按照规定向海关提交有关进口配额许可证件，海关按照有关规定办理；

（四）因不可抗力因素造成的受灾保税货物，其对应进口料件属于实行关税配额管理商品的，海关按照关税配额税率计征税款；因其他经海关审核认可的正当理由造成的受灾保税货物，其对应进口料件属于实行关税配额管理的，企业如果能够按照规定向海关提交有关进口配额许可证件，海关按照关税配额税率计征税款；企业如果未能按照规定向海关提交有关进口配额许可证件，按照有关规定办理。

第十三条　属于加征反倾销税、反补贴税、保障措施关税或者报复性关税（以下统称特别关税）的，按照下列情况办理：

（一）边角料按照加工贸易企业向海关申请内销的报验状态归类属于加征特别关税的，海关免于征收需要加征的特别关税；

（二）副产品按照加工贸易企业向海关申请内销的报验状态归类属于加征特别关税的，海关按照规定征收需加征的特别关税；

（三）剩余料件、残次品对应进口料件属于加征特别关税的，海关按照规定征收需加征的特别关税；

（四）因不可抗力因素造成的受灾保税货物，如果失去原使用价值的，其对应进口料件属于加征特别关税的，海关免于征收需要加征的特别关税；因其他经海关审核认可的正当理由造成的受灾保税货物，其对应进口料件属于加征特别关税的，海关按照规定征收需加征的特别关税。

第十四条　加工贸易企业办理边角料、剩余料件、残次品、副产品和受灾保税货物内销的进出口通关手续时，应当按照下列情况办理：

（一）加工贸易剩余料件、残次品以及受灾保税货物内销，企业按照其加工贸易的原进口料件品名进行申报；

（二）加工贸易边角料以及副产品，企业按照向海关申请内销的报验状态申报。

第十五条　保税区、出口加工区内加工贸易企业的加工贸易保税进口料件加工后产生的边角料、剩余料件、残次品、副产品等的海关监管，按照保税区、出口加工区的规定办理。

第十六条　违反《海关法》及本办法规定，构成走私或者违反海关监管规定行为的，由海关依照《海关法》、《中华人民共和国海关行政处罚实施条例》等有关法律、行政法规的规定予以处理；构成犯罪的，依法追究刑事责任。

第十七条　本办法由海关总署负责解释。

第十八条　本办法自2004年7月1日起施行。2001年9月13日发布的《关于加工贸易边角料、节余料件、残次品、副产品和受灾保税货物的管理办法》（海关总署令第87号）同时废止。

中华人民共和国海关审定内销保税货物完税价格办法

（2013 年 12 月 25 日海关总署令第 211 号公布
自 2014 年 2 月 1 日起施行）

第一条 为了正确审查确定内销保税货物的完税价格，根据《中华人民共和国海关法》、《中华人民共和国进出口关税条例》及其他有关法律、行政法规的规定，制定本办法。

第二条 海关审查确定内销保税货物完税价格，适用本办法。涉嫌走私的内销保税货物计税价格的核定，不适用本办法。

第三条 内销保税货物的完税价格，由海关以该货物的成交价格为基础审查确定。

第四条 进料加工进口料件或者其制成品（包括残次品）内销时，海关以料件原进口成交价格为基础审查确定完税价格。

属于料件分批进口，并且内销时不能确定料件原进口一一对应批次的，海关可按照同项号、同品名和同税号的原则，以其合同有效期内或电子账册核销周期内已进口料件的成交价格计算所得的加权平均价为基础审查确定完税价格。

合同有效期内或电子账册核销周期内已进口料件的成交价格加权平均价难以计算或者难以确定的，海关以客观可量化的当期进口料件成交价格的加权平均价为基础审查确定完税价格。

第五条 来料加工进口料件或者其制成品（包括残次品）内销时，海关以接受内销申报的同时或者大约同时进口的与料件相同或者类似的保税货物的进口成交价格为基础审查确定完税价格。

第六条 加工企业内销的加工过程中产生的边角料或者副产品，

以其内销价格为基础审查确定完税价格。

副产品并非全部使用保税料件生产所得的，海关以保税料件在投入成本核算中所占比重计算结果为基础审查确定完税价格。

按照规定需要以残留价值征税的受灾保税货物，海关以其内销价格为基础审查确定完税价格。按照规定应折算成料件征税的，海关以各项保税料件占构成制成品（包括残次品）全部料件的价值比重计算结果为基础审查确定完税价格。

边角料、副产品和按照规定需要以残留价值征税的受灾保税货物经海关允许采用拍卖方式内销时，海关以其拍卖价格为基础审查确定完税价格。

第七条　深加工结转货物内销时，海关以该结转货物的结转价格为基础审查确定完税价格。

第八条　保税区内企业内销的保税加工进口料件或者其制成品，海关以其内销价格为基础审查确定完税价格。

保税区内企业内销的保税加工制成品中，如果含有从境内采购的料件，海关以制成品所含从境外购入料件的原进口成交价格为基础审查确定完税价格。

保税区内企业内销的保税加工进口料件或者其制成品的完税价格依据本条前两款规定不能确定的，海关以接受内销申报的同时或者大约同时内销的相同或者类似的保税货物的内销价格为基础审查确定完税价格。

第九条　除保税区以外的海关特殊监管区域内企业内销的保税加工料件或者其制成品，以其内销价格为基础审查确定完税价格。

除保税区以外的海关特殊监管区域内企业内销的保税加工料件或者其制成品的内销价格不能确定的，海关以接受内销申报的同时或者大约同时内销的相同或者类似的保税货物的内销价格为基础审查确定完税价格。

除保税区以外的海关特殊监管区域内企业内销的保税加工制成品、相同或者类似的保税货物的内销价格不能确定的，海关以生产该货物的成本、利润和一般费用计算所得的价格为基础审查确定完税价格。

第十条 海关特殊监管区域内企业内销的保税加工过程中产生的边角料、废品、残次品和副产品，以其内销价格为基础审查确定完税价格。

海关特殊监管区域内企业经海关允许采用拍卖方式内销的边角料、废品、残次品和副产品，海关以其拍卖价格为基础审查确定完税价格。

第十一条 海关特殊监管区域、保税监管场所内企业内销的保税物流货物，海关以该货物运出海关特殊监管区域、保税监管场所时的内销价格为基础审查确定完税价格；该内销价格包含的能够单独列明的海关特殊监管区域、保税监管场所内发生的保险费、仓储费和运输及其相关费用，不计入完税价格。

第十二条 海关特殊监管区域内企业内销的研发货物，海关依据本办法第八条、第九条、第十条的规定审查确定完税价格。海关特殊监管区域内企业内销的检测、展示货物，海关依据本办法第十一条的规定审查确定完税价格。

第十三条 内销保税货物的完税价格不能依据本办法第四至十二条规定确定的，海关依次以下列价格估定该货物的完税价格：

（一）与该货物同时或者大约同时向中华人民共和国境内销售的相同货物的成交价格；

（二）与该货物同时或者大约同时向中华人民共和国境内销售的类似货物的成交价格；

（三）与该货物进口的同时或者大约同时，将该进口货物、相同或者类似进口货物在第一级销售环节销售给无特殊关系买方最大销售总量的单位价格，但应当扣除以下项目：

1.同等级或者同种类货物在中华人民共和国境内第一级销售环节销售时通常的利润和一般费用以及通常支付的佣金；

2.进口货物运抵境内输入地点起卸后的运输及其相关费用、保险费；

3.进口关税及国内税收。

（四）按照下列各项总和计算的价格：生产该货物所使用的料件成本和加工费用，向中华人民共和国境内销售同等级或者同种类货物通常的利润和一般费用，该货物运抵境内输入地点起卸前的运输及其相关费用、保险费；

（五）以合理方法估定的价格。

纳税义务人向海关提供有关资料后，可以提出申请，颠倒前款第三项和第四项的适用次序。

第十四条 本办法中下列用语的含义：

内销保税货物，包括因故转为内销需要征税的加工贸易货物、海关特殊监管区域内货物、保税监管场所内货物和因其他原因需要按照内销征税办理的保税货物，但不包括以下项目：

（一）海关特殊监管区域、保税监管场所内生产性的基础设施建设项目所需的机器、设备和建设所需的基建物资；

（二）海关特殊监管区域、保税监管场所内企业开展生产或综合物流服务所需的机器、设备、模具及其维修用零配件；

（三）海关特殊监管区域、保税监管场所内企业和行政管理机构自用的办公用品、生活消费用品和交通运输工具。

内销价格，是指向国内企业销售保税货物时买卖双方订立的价格，是国内企业为购买保税货物而向卖方（保税企业）实际支付或者应当支付的全部价款，但不包括关税和进口环节海关代征税。

拍卖价格，是指国家注册的拍卖机构对海关核准参与交易的保税货物履行合法有效的拍卖程序，竞买人依拍卖规定获得拍卖标的物的价格。

结转价格，是指深加工结转企业间买卖加工贸易货物时双方订立的价格，是深加工结转转入企业为购买加工贸易货物而向深加工结转转出企业实际支付或者应当支付的全部价款。

第十五条 纳税义务人对海关确定完税价格有异议的，应当按照海关作出的相关行政决定缴纳税款，并可以依法向上一级海关申请复议。对复议决定不服的，可以依法向人民法院提起行政诉讼。

第十六条 违反本办法规定，构成走私或者违反海关监管规定行为的，由海关依照《中华人民共和国海关法》和《中华人民共和国海关行政处罚实施条例》的有关规定予以处理；构成犯罪的，依法追究刑事责任。

第十七条 本办法由海关总署负责解释。

第十八条 本办法自2014年2月1日起施行。

中华人民共和国海关加工贸易企业联网监管办法

（2006年6月14日海关总署令第150号公布　根据2023年3月9日
海关总署令第262号《海关总署关于修改部分规章的决定》修正）

第一条　为了规范海关对加工贸易企业的管理，根据《中华人民共和国海关法》及其他有关法律、行政法规的规定，制定本办法。

第二条　海关对加工贸易企业实施联网监管，是指加工贸易企业通过数据交换平台或者其他计算机网络方式向海关报送能满足海关监管要求的物流、生产经营等数据，海关对数据进行核对、核算，并结合实物进行核查的一种加工贸易海关监管方式。

第三条　实施联网监管的加工贸易企业（以下简称联网企业）应当具备以下条件：

（一）具有加工贸易经营资格；

（二）在海关备案；

（三）属于生产型企业。

海关特殊监管区域、保税监管场所内的加工贸易企业不适用本办法。

第四条　加工贸易企业需要实施联网监管的，可以向主管海关提出申请；经审核符合本办法第三条规定条件的，海关应当对其实施联网监管。

第五条　联网企业通过数据交换平台或者其他计算机网络方式向海关报送数据前，应当进行加工贸易联网监管身份认证。

第六条　联网企业应当将开展加工贸易业务所需进口料件、出口成品清单及对应的商品编号报送主管海关，必要时还应当按照海关要求提供确认商品编号所需的相关资料。

主管海关应当根据监管需要，按照商品名称、商品编码和计量单位等条件，将联网企业内部管理的料号级商品与电子底账备案的项号级商品进行归并或者拆分，建立一对多或者多对一的对应关系。

第七条 联网企业应当在料件进口、成品出口前，分别向主管海关办理进口料件、出口成品的备案、变更手续。

联网企业应当根据海关总署的有关规定向海关办理单耗备案、变更手续。

第八条 海关应当根据联网企业报送备案的资料建立电子底账，对联网企业实施电子底账管理。电子底账包括电子账册和电子手册。

电子账册是海关以企业为单元为联网企业建立的电子底账；实施电子账册管理的，联网企业只设立一个电子账册。海关应当根据联网企业的生产情况和海关的监管需要确定核销周期，按照核销周期对实行电子账册管理的联网企业进行核销管理。

电子手册是海关以加工贸易合同为单元为联网企业建立的电子底账；实施电子手册管理的，联网企业的每个加工贸易合同设立一个电子手册。海关应当根据加工贸易合同的有效期限确定核销日期，对实行电子手册管理的联网企业进行定期核销管理。

第九条 联网企业应当如实向海关报送加工贸易货物物流、库存、生产管理以及满足海关监管需要的其他动态数据。

第十条 联网企业的外发加工实行主管海关备案制。加工贸易企业开展外发加工前应当将外发加工承接企业、货物名称和周转数量向主管海关备案。

第十一条 海关可以采取数据核对和下厂核查等方式对联网企业进行核查。下厂核查包括专项核查和盘点核查。

第十二条 经主管海关批准，联网企业可以按照月度集中办理内销补税手续；联网企业内销加工贸易货物后，应当在当月集中办理内销补税手续。

第十三条　联网企业加工贸易货物内销后，应当按照规定向海关缴纳缓税利息。

缴纳缓税利息的起始日期按照以下办法确定：

（一）实行电子手册管理的，起始日期为内销料件或者制成品所对应的加工贸易合同项下首批料件进口之日；

（二）实行电子账册管理的，起始日期为内销料件或者制成品对应的电子账册最近一次核销之日。没有核销日期的，起始日期为内销料件或者制成品对应的电子账册首批料件进口之日。

缴纳缓税利息的终止日期为海关签发税款缴款书之日。

第十四条　联网企业应当在海关确定的核销期结束之日起30日内完成报核。确有正当理由不能按期报核的，经主管海关批准可以延期，但延长期限不得超过60日。

第十五条　联网企业实施盘点前，应当告知海关；海关可以结合企业盘点实施核查核销。

海关结合企业盘点实施核查核销时，应当将电子底账核算结果与联网企业实际库存量进行对比，并分别进行以下处理：

（一）实际库存量多于电子底账核算结果的，海关应当按照实际库存量调整电子底账的当期余额；

（二）实际库存量少于电子底账核算结果且联网企业可以提供正当理由的，对短缺的部分，海关应当责令联网企业申请内销处理；

（三）实际库存量少于电子底账核算结果且联网企业不能提供正当理由的，对短缺的部分，海关除责令联网企业申请内销处理外，还可以按照《中华人民共和国海关行政处罚实施条例》对联网企业予以处罚。

第十六条　联网企业有下列情形之一的，海关可以要求其提供保证金或者银行保函作为担保：

（一）企业管理类别下调的；

（二）未如实向海关报送数据的；

（三）海关核查、核销时拒不提供相关账册、单证、数据的；

（四）未按照规定时间向海关办理报核手续的；

（五）未按照海关要求设立账册、账册管理混乱或者账目不清的。

第十七条 违反本办法，构成走私或者违反海关监管规定行为的，由海关依照《中华人民共和国海关法》和《中华人民共和国海关行政处罚实施条例》的有关规定予以处理；构成犯罪的，依法追究刑事责任。

第十八条 本办法下列用语的含义：

"电子底账"，是指海关根据联网企业申请，为其建立的用于记录加工贸易备案、进出口、核销等资料的电子数据库。

"专项核查"，是指海关根据监管需要，对联网企业就某一项或者多项内容实施的核查行为。

"盘点核查"，是指海关在联网企业盘点时，对一定期间的部分保税货物进行实物核对、数据核查的一种监管方式。

第十九条 本办法由海关总署负责解释。

第二十条 本办法自2006年8月1日起施行。2003年3月19日海关总署令第100号发布的《中华人民共和国海关对加工贸易企业实施计算机联网监管办法》同时废止。

关于全面推广企业集团加工贸易监管模式的公告

（海关总署公告 2021 年第 80 号）

为进一步顺应加工贸易企业发展需求，激发市场主体活力，海关总署在前期试点的基础上，决定自 2021 年 10 月 15 日起，全面推广企业集团加工贸易监管模式。现将有关事项公告如下：

一、本公告所称"企业集团"是指以资本为主要联结纽带的母子公司为主体，有共同行为规范的母公司、子公司、参股公司共同组成的具有一定规模的企业法人联合体，包括牵头企业和成员企业。

牵头企业是指经成员企业授权，牵头向海关申请办理适用企业集团加工贸易监管模式的企业。牵头企业应熟悉企业集团内部运营管理模式，了解成员企业情况，协调成员企业开展相关业务。

成员企业是指同一集团内授权牵头企业申请开展企业集团加工贸易监管模式的企业。

二、企业集团加工贸易监管模式是指海关实施的以"企业集团"为单元，以信息化系统为载体，以企业集团经营实际需求为导向，对企业集团实施整体监管的加工贸易监管模式。

三、企业申请适用企业集团加工贸易监管模式，应同时满足以下条件：

（一）牵头企业海关信用等级为高级认证企业，成员企业海关信用等级不为失信企业；

（二）企业内部管理规范，信息化系统完备，加工贸易货物流和数据流透明清晰，逻辑链完整，耗料可追溯，满足海关监管要求；

（三）不涉及关税配额农产品、原油、铜矿砂及其精矿、卫星电视接收设施、生皮等对加工贸易资质或数量有限制的加工贸易商品。

四、牵头企业向其所在地主管海关申请开展企业集团加工贸易监管模式，并提交下列材料：

（一）《企业集团加工贸易监管模式备案表》（格式见附件）；

（二）所有成员企业法定代表人签字并加盖公章的授权委托；

（三）成员企业的持股证明、出资证明或其他证明材料。

五、经海关同意实施企业集团加工贸易监管模式的，企业凭《企业集团加工贸易监管模式备案表》按现行加工贸易有关规定分别向主管海关办理加工贸易手（账）册设立手续。加工贸易手（账）册备注栏标注"企业集团"，并注明牵头企业全称和海关编码。

企业集团根据自身运营需要，也可由集团内一家企业统一设立加工贸易手（账）册。

六、适用企业集团加工贸易监管模式的，加工贸易保税料件可在集团内企业之间流转使用。

集团内不同企业间进行保税料件流转可根据企业需要采用余料结转或深加工结转方式办理相关手续，保税核注清单备注栏标注"结转至（自）企业集团内××企业"。

七、加工贸易货物可以在集团内企业向海关备案的场所自主存放，并留存相关记录。

八、保税料件符合料件串换监管要求的，集团内企业可根据生产实际自行串换、处置，并留存相关记录。

经所有权人授权同意，集团内企业可对来料加工保税料件进行串换。

九、集团内企业间开展外发加工业务不再向海关办理备案手续，其中全部工序外发加工的，不再向海关提供担保。企业应按规定留存收发货记录。

集团内企业间外发加工的成品、剩余料件以及生产过程中产生的边角料、残次品、副产品等加工贸易货物，可不运回本企业。

十、企业进口的尚处于监管期内的不作价设备可以办理设备结转手续，在集团内企业间调配使用。不作价设备使用应符合其规定用途。不作价设备结转申报表及保税核注清单备注栏应标注"结转至（自）企业集团内××企业"。

十一、集团内企业需按规定提交担保的，可以选择保证金、银行或非银行金融机构保函等多种形式向海关提供担保。

十二、海关根据企业集团加工贸易监管情况，可以对集团内企业统筹开展稽核查，也可以对集团内部分企业单独开展稽核查。

实施电子账册管理的，海关分析风险后自行确定下厂核销比率及抽盘价值比例。

十三、成员企业出现新增等情形时，牵头企业应及时向其所在地主管海关办理变更手续。

经牵头企业和涉及的成员企业确认，相关成员企业可以申请退出企业集团加工贸易监管模式；经牵头企业和所有成员企业确认，可以申请该企业集团退出企业集团加工贸易监管模式。

十四、集团内企业有以下情形之一的，海关可以取消其牵头企业或成员企业资格：

（一）不符合第三条所列条件的；

（二）不按规定办理保税货物流转、存储、外发加工等海关手续或不按规定保存相关单证、数据的。

被取消资格的集团内企业，当年内不得再次申请加入。牵头企业被取消资格的，成员企业可以共同推举并向海关申报新的牵头企业。1年内2个以上集团内企业被取消成员企业资格的，海关有理由认定该企业集团管理无法满足海关监管要求，取消该企业集团的企业集团加工贸易监管模式资格。

十五、本公告未明确事项，按照加工贸易监管的一般性规定实施管理。

十六、此前已经开展的企业集团加工贸易监管改革试点业务，统一按照本公告规定执行。前期试点企业中不符合本公告第三条所列条件的，可继续适用企业集团加工贸易监管模式，主管海关应加强对企业的指导、培育，使其尽快符合开展条件。如前期试点企业至2022年12月31日仍无法满足本公告第三条所列条件的，海关应取消其前期企业集团加工贸易监管模式试点资格。

十七、本公告自2021年10月15日起施行。

特此公告。

附件：企业集团加工贸易监管模式备案表[1]

海关总署

2021年10月9日

---

1 本附件略。

中华人民共和国海关综合保税区管理办法

（2022 年 1 月 1 日海关总署令第 256 号公布
自 2022 年 4 月 1 日起施行）

第一章 总 则

第一条 为了规范海关对综合保税区的管理，促进综合保税区高水平开放、高质量发展，根据《中华人民共和国海关法》《中华人民共和国进出口商品检验法》《中华人民共和国进出境动植物检疫法》《中华人民共和国国境卫生检疫法》《中华人民共和国食品安全法》及有关法律、行政法规和国家相关规定，制定本办法。

第二条 海关依照本办法对进出综合保税区的交通运输工具、货物及其外包装、集装箱、物品以及综合保税区内（以下简称区内）企业实施监督管理。

第三条 综合保税区实行封闭式管理。

除安全保卫人员外，区内不得居住人员。

第四条 综合保税区的基础和监管设施应当符合综合保税区基础和监管设施设置规范，并经海关会同有关部门验收合格。

第五条 区内企业可以依法开展以下业务：

（一）研发、加工、制造、再制造；

（二）检测、维修；

（三）货物存储；

（四）物流分拨；

（五）融资租赁；

（六）跨境电商；

（七）商品展示；

（八）国际转口贸易；

（九）国际中转；

（十）港口作业；

（十一）期货保税交割；

（十二）国家规定可以在区内开展的其他业务。

第六条 海关对区内企业实行计算机联网管理，提升综合保税区信息化、智能化管理水平。

第二章 综合保税区与境外之间进出货物的管理

第七条 除法律法规另有规定外，国家禁止进口、出口的货物、物品不得在综合保税区与境外之间进、出。

第八条 综合保税区与境外之间进出的货物不实行关税配额、许可证件管理，但法律法规、我国缔结或者参加的国际条约、协定另有规定的除外。

第九条 综合保税区与境外之间进出的货物，其收发货人或者代理人应当如实向海关申报，按照海关规定填写进出境货物备案清单并办理相关手续。

第十条 境外进入综合保税区的货物及其外包装、集装箱，应当由海关依法在进境口岸实施检疫。因口岸条件限制等原因，海关可以在区内符合条件的场所（场地）实施检疫。

综合保税区运往境外的货物及其外包装、集装箱，应当由海关依法实施检疫。

综合保税区与境外之间进出的交通运输工具，由海关按照进出境交通运输工具有关规定实施检疫。

第十一条 境外进入综合保税区的货物予以保税，但本办法第十二条、十四条规定的情形除外。

第十二条　除法律法规另有规定外，下列货物从境外进入综合保税区，海关免征进口关税和进口环节税：

（一）区内生产性的基础设施建设项目所需的机器、设备和建设生产厂房、仓储设施所需的基建物资；

（二）区内企业开展本办法第五条所列业务所需的机器、设备、模具及其维修用零配件；

（三）综合保税区行政管理机构和区内企业自用合理数量的办公用品。

自国务院批准设立综合保税区之日起，从境外进入综合保税区的区内企业自用机器、设备按照前款规定执行。

第十三条　本办法第十二条所列货物的监管年限，参照进口减免税货物的监管年限管理，监管年限届满的自动解除监管；监管年限未满企业申请提前解除监管的，参照进口减免税货物补缴税款的有关规定办理，属于许可证件管理的应当取得有关许可证件。

第十四条　境外进入综合保税区，供区内企业和行政管理机构自用的交通运输工具、生活消费用品，海关依法征收进口关税和进口环节税。

第十五条　除法律法规另有规定外，综合保税区运往境外的货物免征出口关税。

第三章　综合保税区与区外之间进出货物的管理

第十六条　综合保税区与中华人民共和国境内的其他地区（以下简称区外）之间进出的货物，区内企业或者区外收发货人应当按照规定向海关办理相关手续。

货物属于关税配额、许可证件管理的，区内企业或者区外收发货人应当取得关税配额、许可证件；海关应当对关税配额进行验核，对许可证件电子数据进行系统自动比对验核。

第十七条 除法律法规另有规定外，海关对综合保税区与区外之间进出的货物及其外包装、集装箱不实施检疫。

第十八条 综合保税区与区外之间进出的货物，区内企业或者区外收发货人应当按照货物进出区时的实际状态依法缴纳关税和进口环节税。

区内企业加工生产的货物出区内销时，区内企业或者区外收发货人可以选择按照其对应进口料件缴纳关税，并补缴关税税款缓税利息；进口环节税应当按照出区时货物实际状态照章缴纳。

第十九条 经综合保税区运往区外的优惠贸易协定项下的货物，符合相关原产地管理规定的，可以适用协定税率或者特惠税率。

第二十条 以出口报关方式进入综合保税区的货物予以保税；其中，区内企业从区外采购的机器、设备参照进口减免税货物的监管年限管理，监管年限届满的自动解除监管，免于提交许可证件；监管年限未满企业申请提前解除监管的，参照进口减免税货物补缴税款的有关规定办理相关手续，免于提交许可证件。

前款规定货物的出口退税按照国家有关规定办理。

第二十一条 区内企业在加工生产过程中使用保税料件产生的边角料、残次品、副产品以及加工生产、储存、运输等过程中产生的包装物料，运往区外销售时，区内企业应当按照货物出区时的实际状态缴纳税款；残次品、副产品属于关税配额、许可证件管理的，区内企业或者区外收发货人应当取得关税配额、许可证件；海关应当对关税配额进行验核、对许可证件电子数据进行系统自动比对验核。

第二十二条 区内企业产生的未复运出境的固体废物，按照国内固体废物相关规定进行管理。需运往区外进行贮存、利用或者处置的，应按规定向海关办理出区手续。

第二十三条 区内企业依法对区内货物采取销毁处置的，应当办理相关手续，销毁处置费用由区内企业承担。销毁产生的固体废物出区时按照本办法第二十二条办理。

第二十四条　区内企业可以按照海关规定办理集中申报手续。

除海关总署另有规定外，区内企业应当在每季度结束的次月15日前办理该季度货物集中申报手续，但不得晚于账册核销截止日期，且不得跨年度办理。

集中申报适用海关接受集中申报之日实施的税率、汇率。

第二十五条　综合保税区与其他综合保税区等海关特殊监管区域、保税监管场所之间往来的货物予以保税。

综合保税区与其他综合保税区等海关特殊监管区域或者保税监管场所之间流转的货物，不征收关税和进口环节税。

第四章　综合保税区内货物的管理

第二十六条　综合保税区内货物可以自由流转。区内企业转让、转移货物的，双方企业应当及时向海关报送转让、转移货物的品名、数量、金额等电子数据信息。

第二十七条　区内企业可以利用监管期限内的免税设备接受区外企业委托开展加工业务。

区内企业开展委托加工业务，应当设立专用的委托加工电子账册。委托加工用料件需使用保税料件的，区内企业应当向海关报备。

委托加工产生的固体废物，出区时按照本办法第二十二条办理。

第二十八条　区内企业按照海关规定将自用机器、设备及其零部件、模具或者办公用品运往区外进行检测、维修的，检测、维修期间不得在区外用于加工生产和使用，并且应当自运出之日起60日内运回综合保税区。因故不能如期运回的，区内企业应当在期限届满前7日内书面向海关申请延期，延长期限不得超过30日。

前款规定货物因特殊情况无法在上述规定时间内完成检测、维修并运回综合保税区的，经海关同意，可以在检测、维修合同期限内运回综合保税区。

更换零配件的，原零配件应当一并运回综合保税区；确需在区外处置的，海关应当按照原零配件的实际状态征税；在区外更换的国产零配件，需要退税的，企业应当按照有关规定办理手续。

第二十九条 区内企业按照海关规定将模具、原材料、半成品等运往区外进行外发加工的，外发加工期限不得超过合同有效期，加工完毕的货物应当按期运回综合保税区。

外发加工产生的边角料、残次品、副产品不运回综合保税区的，海关应当按照货物实际状态征税；残次品、副产品属于关税配额、许可证件管理的，区内企业或者区外收发货人应当取得关税配额、许可证件；海关应当对有关关税配额进行验核、对许可证件电子数据进行系统自动比对验核。

第三十条 因不可抗力造成综合保税区内货物损毁、灭失的，区内企业应当及时报告海关。经海关核实后，区内企业可以按照下列规定办理：

（一）货物灭失，或者虽未灭失但完全失去使用价值的，办理核销和免税手续；

（二）境外进入综合保税区或者区外进入综合保税区且已办理出口退税手续的货物损毁，失去部分使用价值的，办理出区内销或者退运手续；

（三）区外进入综合保税区且未办理出口退税手续的货物损毁，失去部分使用价值，需要向出口企业进行退换的，办理退运手续。

第三十一条 因保管不善等非不可抗力因素造成区内货物损毁、灭失的，区内企业应当及时报告海关并说明情况。经海关核实后，区内企业可以按照下列规定办理：

（一）境外进入综合保税区的货物，按照一般贸易进口货物的规定办理相关手续，并按照海关审定的货物损毁或灭失前的完税价格，以货物损毁或灭失之日适用的税率、汇率缴纳关税、进口环节税；

（二）区外进入综合保税区的货物，重新缴纳因出口而退还的国内环节有关税收，已缴纳出口关税的，不予退还。

第三十二条 区内企业申请放弃的货物，经海关及有关主管部门核准后，由海关依法提取变卖，变卖收入按照国家有关规定处理，但法律法规规定不得放弃的除外。

第三十三条 除法律法规另有规定外，区内货物不设存储期限。

第五章 区内企业的管理

第三十四条 区内企业及其分支机构应当取得市场主体资格，并依法向海关办理注册或者备案手续。

区内从事食品生产的企业应当依法取得国内生产许可。

第三十五条 区内企业应当依照法律法规的规定规范财务管理，并按照海关规定设立海关电子账册，电子账册的备案、变更、核销应当按照海关相关规定执行。

第三十六条 海关对区内企业实行稽查、核查制度。

区内企业应当配合海关的稽查、核查，如实提供相关账簿、单证等有关资料及电子数据。

第三十七条 区内企业开展涉及海关事务担保业务的，按照海关事务担保相关规定执行。

第六章 附 则

第三十八条 进出综合保税区货物的检验按照相关规定执行。

第三十九条 综合保税区与区外之间进出的交通运输工具、人员应当通过指定通道进出，海关根据需要实施检查。

综合保税区与境外之间进出的交通运输工具服务人员携带个人

物品进出综合保税区的，海关按照进出境旅客行李物品的有关规定
进行监管。

第四十条 海关在综合保税区依法实施监管不影响地方政府和
其他部门依法履行其相应职责。

第四十一条 除法律法规另有规定外，海关对境外与综合保税
区之间进出的货物实施进出口货物贸易统计；对区外与综合保税区
之间进出的货物，根据管理需要实施海关单项统计和海关业务统计；
对与综合保税区相关的海关监督管理活动和内部管理事务实施海关
业务统计。

第四十二条 区内开展增值税一般纳税人资格试点的，按照增
值税一般纳税人资格试点政策有关规定执行。

第四十三条 对境内入区的不涉及出口关税、不涉及许可证件、
不要求退税且不纳入海关统计的货物，海关对其实施便捷进出区管理。

第四十四条 对违反本办法规定的行为，由海关依照相关法律
法规规定予以处罚；构成犯罪的，依法追究刑事责任。

第四十五条 综合保税区设立审核、建设验收、监督管理等要
求按照国家相关规定执行。

第四十六条 本办法由海关总署负责解释。

第四十七条 本办法自2022年4月1日起施行。2007年9月3日
海关总署令第164号发布、根据2010年3月15日海关总署令第191
号、2017年12月20日海关总署令第235号、2018年5月29日海关总
署令第240号、2018年11月23日海关总署令第243号修改的《中华
人民共和国海关保税港区管理暂行办法》，2005年11月28日海关总
署令第134号发布、根据2010年3月15日海关总署令第190号、2017
年12月20日海关总署令第235号、2018年5月29日海关总署令第
240号、2018年11月23日海关总署令第243号修改的《中华人民共
和国海关对保税物流园区的管理办法》同时废止。

关于海关特殊监管区域内保税维修业务
有关监管问题的公告

（海关总署公告 2015 年第 59 号）

为规范海关特殊监管区域（以下简称"区域"）内保税维修业务管理，现将有关事项公告如下：

一、本公告适用于保税区、出口加工区、保税物流园区、保税港区、综合保税区、珠澳跨境工业区珠海园区以及中哈霍尔果斯边境合作中心中方配套区等区域内开展以下保税维修业务：

（一）以保税方式将存在部件损坏、功能失效、质量缺陷等问题的货物（以下统称"待维修货物"）从境外运入区域内进行检测、维修后复运出境；

（二）待维修货物从境内（区域外）运入区域内进行检测、维修后复运回境内（区域外）。

以运输工具申报进境维修的外籍船舶、航空器的海关监管，不适用本公告。

二、区域内企业可开展以下保税维修业务：

（一）法律、法规和规章允许的；

（二）国务院批准和国家有关部门批准同意开展的；

（三）区域内企业内销产品包括区域内企业自产或本集团内其他境内企业生产的在境内（区域外）销售的产品的返区维修。

除国务院和国家有关部门特别准许外，不得开展国家禁止进出口货物的维修业务。

三、企业开展保税维修业务，应当开设 H 账册，建立待维修货物、已维修货物（包括经检测维修不能修复的货物）、维修用料件的电子底账。设立保税维修账册应当符合以下条件：

（一）建立符合海关监管要求的管理制度和计算机管理系统，能够实现对维修耗用等信息的全程跟踪。

（二）与海关之间实行计算机联网并能够按照海关监管要求进行数据交换。

（三）能够对待维修货物、已维修货物、维修用料件、维修过程中替换下的坏损零部件（以下简称"维修坏件"）、维修用料件在维修过程中产生的边角料（以下简称"维修边角料"）进行专门管理。

按照法律、法规和规章规定须由区域管理部门批准的，企业应当提供有关批准文件。

四、企业应当向海关如实申报保税维修货物的进、出、转、存和耗用情况，并向海关办理核销手续。

五、待维修货物从境外运入区域内进行检测、维修（包括经检测维修不能修复的）后应当复运出境。待维修货物从境外进入区域和已维修货物复运出境，区域内企业应当填报进（出）境货物备案清单，监管方式为"保税维修"（代码1371）。

六、待维修货物从境内（区域外）进入区域，区域外企业或区域内企业应当填报出口货物报关单，监管方式为"修理物品"（代码1300），同时区域内企业应当填报进境货物备案清单，监管方式为"保税维修"（代码1371）。

七、已维修货物复运回境内（区域外），区域外企业或区域内企业应当填报进口货物报关单，监管方式为"修理物品"（代码1300），已维修货物和维修费用分列商品项填报。已维修货物商品项数量为实际出区域数量，征减免税方式为"全免"；维修费用商品项数量为0.1，征减免税方式为"照章征税"，商品编号栏目按已维修货物的编码填报；适用海关接受已维修货物申报复运回境内（区域外）之日的税率、汇率。

区域内企业应当填报出境货物备案清单，监管方式为"保税维修"（代码1371），商品名称按已维修货物的实际名称填报。

企业应当向海关提交维修合同（或含有保修条款的内销合同）、维修发票等单证。保税维修业务产生的维修费用完税价格以耗用的保税料件费和修理费为基础审查确定。对外发至区域外进行部分工序维修时发生的维修费用，如能单独列明的，可以从完税价格中予以扣除。

八、待维修货物从境内（区域外）进入区域和已维修货物复运回境内（区域外）需要进行集中申报的，企业应当参照《中华人民共和国海关保税港区管理暂行办法》（海关总署令第191号）有关规定办理手续。

九、维修用料件按照保税货物实施管理，企业应当按照《海关特殊监管区域进出口货物报关单、进出境货物备案清单填制规范》和《中华人民共和国海关进出口货物报关单填制规范》对维修用料件进出境、进出区域、结转等进行申报。

十、对从境外进入区域的待维修货物产生的维修坏件和维修边角料原则上应复运出境，监管方式为"进料边角料复出"（代码0864）或"来料边角料复出"（代码0865）。确实无法复运出境的，可参照《海关总署　环境保护部　商务部　质检总局关于出口加工区边角料、废品、残次品出区处理问题的通知》（署加发〔2009〕172号）办理运至境内（区域外）的相关手续。

对从境内（区域外）进入区域的待维修货物产生的维修坏件和维修边角料，可通过辅助管理系统登记后运至境内（区域外）。

维修坏件和维修边角料属于固体废物的，应当按照环境保护部、商务部、发展改革委、海关总署、质检总局联合制发的《固体废物进口管理办法》（环境保护部令第12号）有关规定办理。

十一、在进出境申报时，企业应当按进出境实际运输方式填报进（出）境货物备案清单的运输方式栏目。在自境内进出区申报时，企业应当按《海关特殊监管区域进出口货物报关单、进出境货物备案清单填制规范》的规定填报进出口货物报关单、进（出）境货物备案清单的运输方式栏目。

十二、维修业务开展过程中，由于部分工艺受限等原因，区域内企业需将维修货物外发至区域外进行部分工序维修时，可比照《中华人民共和国海关保税港区管理暂行办法》（海关总署令第191号）第28条规定办理有关手续，并遵守有关规定。

十三、保税维修业务账册核销周期不超过两年。

十四、有下列情形之一的，企业应当予以整改。整改期间，海关不受理新的保税维修业务：

（一）不符合本公告第二、三条所述业务开展条件的；

（二）涉嫌走私被海关立案调查的；

（三）一年内两次发生违规的；

（四）未能在规定期限内将已维修货物、待维修货物、维修坏件或维修边角料按规定处置的。

第四项所述"规定期限"由主管海关根据保税维修合同和实际情况予以确定。

企业完成整改，并将整改结果报主管海关认可后，企业方可开展新的保税维修业务。

本公告自公布之日起施行。

海关总署

2015年12月11日

关于进一步规范保税仓库、出口监管仓库管理有关事项的公告

（海关总署公告 2023 年第 75 号）

为进一步规范保税仓库、出口监管仓库（以下统称"两仓"）管理，根据《中华人民共和国海关对保税仓库及所存货物的管理规定》（海关总署令第105号发布，根据海关总署令第198号、第227号、第235号、第240号、第263号修订）、《中华人民共和国海关对出口监管仓库及所存货物的管理办法》（海关总署令第133号发布，根据海关总署令第227号、第235号、第240号、第243号、第263号修订），现将有关事项公告如下：

一、布局要求

为促进两仓有序建设、健康发展，由各直属海关对两仓进行科学布局、规划总量、控制增量、优化存量，并对外发布。企业申请设立两仓的，应满足布局要求。

（一）因地制宜、科学规划。

结合地方经济发展规划，从有利于实施国家经济发展战略、有利于联通国内国际两个市场、有利于高质量发展的角度出发，支持管理规范、资信良好、信息化系统满足海关监管要求的现代物流企业建设两仓。

（二）按需设立，统筹兼顾。

统筹兼顾两仓发展现状及未来增量需求，与海关特殊监管区域、保税物流中心协调发展、错位布局，确保功能定位合理，助推国际物流链延伸和迭代发展，带动国内物流产业转型升级。

（三）有序推进，动态管理。

海关建立科学规范的动态管理机制，鼓励企业合理设立和注销两仓，避免资源浪费和同质竞争；对两仓利用率较低的区域不支持新设仓库，引导企业充分利用现有保税仓储资源。

二、规范运作

（一）除存储大宗商品、液体货物两仓外，两仓货物进出库应当向海关发送到货确认信息。仓库经营企业在两仓货物完成实际进出库24小时内，通过金关二期保税物流管理系统向海关报送到货确认核放单。超过24小时报送的，应主动向海关说明有关情况。海关认为有必要加强管理的，可要求存储大宗商品、液体货物的两仓经营企业按上述要求进行到货确认。

（二）保税仓库货物已经办结海关手续或出口监管仓库货物已经办结转进口手续的，收发货人应在办结相关手续之日起20日内提离仓库。特殊情况下，经海关同意可以延期提离，延期后累计提离时限最长不得超过3个月。

（三）两仓申请注销的，仓库经营企业应当办结货物进口征税、复运出境、退仓、出仓离境或销毁等出库手续，并办结核注清单、业务申报表、出入库单、担保等单证手续。

三、设置规范

对于新申请设立两仓，按照《保税仓库、出口监管仓库设置规范》（详见附件，以下简称《设置规范》）进行建设。对于2023年7月1日前已设立的两仓，如存在与《设置规范》不符情形，应及时整改，并在2025年6月30日前整改完毕（期间仓库注册登记证书到期，经企业申请，符合除《设置规范》外其他延期规定的，先予以延期），逾期未完成的，仓库注册登记证书有效期届满后不予延期。

本公告自2023年7月1日起实施。

特此公告。

附件：保税仓库、出口监管仓库设置规范[1]

海关总署

2023年6月28日

---

1 本附件略。

关于支持综合保税区开展保税研发业务的公告

（海关总署公告 2019 年第 27 号）

为贯彻落实《国务院关于促进综合保税区高水平开放高质量发展的若干意见》（国发〔2019〕3 号）的要求，加快综合保税区（以下简称"综保区"）创新升级，促进综保区保税研发业态发展，现就综保区开展保税研发业务有关事项公告如下：

一、综保区内企业（以下简称"区内企业"）以有形料件、试剂、耗材及样品（以下统称"研发料件"）等开展研发业务，适用本公告。

二、区内企业具备以下条件的，可开展保税研发业务：

（一）经国家有关部门或综保区行政管理机构批准开展保税研发业务；

（二）海关认定的企业信用状况为一般信用及以上；

（三）具备开展保税研发业务所需的场所和设备，能够对研发料件和研发成品实行专门管理。

三、除法律、行政法规、国务院的规定或国务院有关部门依据法律、行政法规授权作出的规定准许外，不得开展国家禁止进出口货物的保税研发业务。

区内企业开展保税研发业务不按照加工贸易禁止类目录执行。

四、区内企业开展保税研发业务，应当设立专门的保税研发电子账册，建立包含研发料件和研发成品等信息的电子底账。

五、研发料件、研发成品及研发料件产生的边角料、坏件、废品等保税研发货物（以下简称"保税研发货物"），区内企业按照以下方式申报：

（一）研发料件从境外入区，按照监管方式"特殊区域研发货物"（代码5010）申报，运输方式按照实际进出境运输方式申报；研发料件从境内（区外）入区，按照监管方式"料件进出区"（代码5000）申报，运输方式按照"其他"（代码9）申报。

（二）研发成品出境，按照监管方式"特殊区域研发货物"（代码5010）申报，运输方式按照实际进出境运输方式申报；研发成品进入境内（区外），按照监管方式"成品进出区"（代码5100）申报，运输方式按照"其他"（代码9）申报。

（三）研发料件进入境内（区外），按照监管方式"料件进出区"（代码5000）申报，运输方式按照"其他"（代码9）申报。

（四）研发料件产生的边角料、坏件、废品等，退运出境按照监管方式"进料边角料复出"（代码0864）或"来料边角料复出"（代码0865）申报，运输方式按照实际进出境运输方式申报；内销按照监管方式"进料边角料内销"（代码0844）或"来料边角料内销"（代码0845）申报，运输方式按照"其他"（代码9）申报。

六、保税研发货物销往境内（区外）的，区外企业按照实际监管方式申报，运输方式按照"综合保税区"（代码Y）申报。企业应当按照实际报验状态申报纳税，完税价格按照《中华人民共和国海关审定内销保税货物完税价格办法》（海关总署令第211号）第九条、第十条的规定确定。

七、研发料件产生的边角料、坏件、废品运往境内（区外）的，区内企业按照综保区关于边角料、废品、残次品的有关规定办理出区手续。属于固体废物的，区内企业应当按照《固体废物进口管理办法》（环境保护部、商务部、发展改革委、海关总署、质检总局联合令第12号）有关规定办理出区手续。

八、区内企业可将研发成品运往境内（区外）进行检测。研发成品出区检测期间不得挪作他用，不得改变物理、化学形态，并应当自运出之日起60日内运回综保区。因特殊情况不能如期运回的，区内企业应当在期限届满前7日内向海关申请延期，延长期限不得超过30日。

九、保税研发电子账册核销周期最长不超过一年，区内企业应当如实申报库存、研发耗用等海关需要的监管数据，并根据实际研发情况办理报核手续。

十、区内企业有下列情形之一的，海关可暂停其保税研发业务：

（一）不再符合本公告第二条、第三条所述业务开展条件的；

（二）未能将出区检测的研发成品按期运回综保区的；

（三）未能在规定期限内将保税研发货物按照有关规定处置的；

（四）涉嫌走私被立案调查、侦查的。

前款第（三）项所规定的"规定期限"由海关根据研发合同和实际情况予以确定。

十一、区内增值税一般纳税人资格企业，按照有关规定执行。

本公告自发布之日起施行。

特此公告。

海关总署

2019年1月29日

中华人民共和国海关对出口监管仓库及所存货物的管理办法

（2005年11月28日海关总署令第133号发布　根据2015年4月28日海关总署令第227号《海关总署关于修改部分规章的决定》第一次修正　根据2017年12月20日海关总署令第235号《海关总署关于修改部分规章的决定》第二次修正　根据2018年5月29日海关总署令第240号《海关总署关于修改部分规章的决定》第三次修正　根据2018年11月23日海关总署令第243号《海关总署关于修改部分规章的决定》第四次修正　根据2023年5月15日海关总署令第263号《海关总署关于修改部分规章的决定》第五次修正）

第一章　总　则

第一条　为规范海关对出口监管仓库及所存货物的管理，根据《中华人民共和国海关法》和其他有关法律、行政法规，制定本办法。

第二条　本办法所称出口监管仓库，是指经海关批准设立，对已办结海关出口手续的货物进行存储、保税物流配送、提供流通性增值服务的仓库。

第三条　出口监管仓库的设立、经营管理以及对出口监管仓库所存货物的管理适用本办法。

第四条　出口监管仓库分为出口配送型仓库和国内结转型仓库。出口配送型仓库是指存储以实际离境为目的的出口货物的仓库。国内结转型仓库是指存储用于国内结转的出口货物的仓库。

第五条　出口监管仓库的设立应当符合海关对出口监管仓库布

局的要求。

第六条 出口监管仓库的设立，由出口监管仓库所在地主管海关受理，报直属海关审批。

第七条 下列已办结海关出口手续的货物，可以存入出口监管仓库：

（一）一般贸易出口货物；

（二）加工贸易出口货物；

（三）从其他海关特殊监管区域、保税监管场所转入的出口货物；

（四）出口配送型仓库可以存放为拼装出口货物而进口的货物，以及为改换出口监管仓库货物包装而进口的包装物料；

（五）其他已办结海关出口手续的货物。

第八条 出口监管仓库不得存放下列货物：

（一）国家禁止进出境货物；

（二）未经批准的国家限制进出境货物；

（三）海关规定不得存放的其他货物。

第二章　出口监管仓库的设立

第九条 申请设立出口监管仓库的经营企业，应当具备下列条件：

（一）取得经营主体资格，经营范围包括仓储经营；

（二）具有专门存储货物的场所，其中出口配送型仓库的面积不得低于2000平方米，国内结转型仓库的面积不得低于1000平方米。

第十条 企业申请设立出口监管仓库，应当向仓库所在地主管海关递交以下加盖企业印章的书面材料：

（一）《出口监管仓库申请书》；

（二）仓库地理位置示意图及平面图。

　　第十一条　海关依据《中华人民共和国行政许可法》和《中华人民共和国海关行政许可管理办法》的规定，受理、审查设立出口监管仓库的申请。对于符合条件的，作出准予设立出口监管仓库的行政许可决定，并出具批准文件；对于不符合条件的，作出不予设立出口监管仓库的行政许可决定，并应当书面告知申请企业。

　　第十二条　申请设立出口监管仓库的企业应当自海关出具批准文件之日起1年内向海关申请验收出口监管仓库。

　　申请验收应当符合以下条件：

　　（一）符合本办法第九条第二项规定的条件；

　　（二）具有符合海关监管要求的隔离设施、监管设施和办理业务必需的其他设施；

　　（三）具有符合海关监管要求的计算机管理系统，并与海关联网；

　　（四）建立了出口监管仓库的章程、机构设置、仓储设施及账册管理等仓库管理制度。

　　企业无正当理由逾期未申请验收或者验收不合格的，该出口监管仓库的批准文件自动失效。

　　第十三条　出口监管仓库验收合格后，经海关注册登记并核发《出口监管仓库注册登记证书》，方可以开展有关业务。《出口监管仓库注册登记证书》有效期为3年。

第三章　出口监管仓库的管理

　　第十四条　出口监管仓库必须专库专用，不得转租、转借给他人经营，不得下设分库。

　　第十五条　海关对出口监管仓库实施计算机联网管理。

　　第十六条　海关可以随时派员进入出口监管仓库检查货物的进、出、转、存情况及有关账册、记录。

海关可以会同出口监管仓库经营企业共同对出口监管仓库加锁或者直接派员驻库监管。

第十七条 出口监管仓库经营企业负责人和出口监管仓库管理人员应当熟悉和遵守海关有关规定。

第十八条 出口监管仓库经营企业应当如实填写有关单证、仓库账册、真实记录并全面反映其业务活动和财务状况，编制仓库月度进、出、转、存情况表，并定期报送主管海关。

第十九条 出口监管仓库经营企业名称、主体类型以及出口监管仓库名称等事项发生变化的，出口监管仓库经营企业应当自上述事项变化之日起30日内，向主管海关办理变更手续。

出口监管仓库变更地址、仓储面积等事项的，出口监管仓库经营企业应当提前向主管海关提出变更申请，并办理变更手续。

出口监管仓库变更仓库类型的，按照本办法第二章出口监管仓库的设立的有关规定办理。

第二十条 出口监管仓库有下列情形之一的，海关注销其注册登记，并收回《出口监管仓库注册登记证书》：

（一）无正当理由逾期未申请延期审查或者延期审查不合格的；

（二）仓库经营企业书面申请变更出口监管仓库类型的；

（三）仓库经营企业书面申请终止出口监管仓库仓储业务的；

（四）仓库经营企业，丧失本办法第九条规定的条件的；

（五）法律、法规规定的应当注销行政许可的其他情形。

第四章 出口监管仓库货物的管理

第二十一条 出口监管仓库所存货物存储期限为6个月。经主管海关同意可以延期，但延期不得超过6个月。

货物存储期满前，仓库经营企业应当通知发货人或者其代理人办理货物的出境或者进口手续。

第二十二条　存入出口监管仓库的货物不得进行实质性加工。

经主管海关同意，可以在仓库内进行品质检验、分级分类、分拣分装、加刷唛码、刷贴标志、打膜、改换包装等流通性增值服务。

第二十三条　对经批准享受入仓即予退税政策的出口监管仓库，海关在货物入仓结关后予以办理出口货物退税证明手续。

对不享受入仓即予退税政策的出口监管仓库，海关在货物实际离境后办理出口货物退税证明手续。

第二十四条　出口监管仓库与海关特殊监管区域、其他保税监管场所之间的货物流转应当符合海关监管要求并按照规定办理相关手续。

货物流转涉及出口退税的，按照国家有关规定办理。

第二十五条　存入出口监管仓库的出口货物，按照国家规定应当提交许可证件或者缴纳出口关税的，发货人或者其代理人应当取得许可证件或者缴纳税款。海关对有关许可证件电子数据进行系统自动比对验核。

第二十六条　出口货物存入出口监管仓库时，发货人或者其代理人应当按照规定办理海关手续。

海关对报关入仓货物的品种、数量、金额等进行审核、核注和登记。

经主管海关批准，对批量少、批次频繁的入仓货物，可以办理集中报关手续。

第二十七条　出仓货物出口时，仓库经营企业或者其代理人应当按照规定办理海关手续。

第二十八条　出口监管仓库货物转进口的，应当经海关批准，按照进口货物有关规定办理相关手续。

出口监管仓库货物已经办结转进口手续的，应当在海关规定时限内提离出口监管仓库。特殊情况下，经海关同意可以延期提离。

第二十九条　对已存入出口监管仓库因质量等原因要求更换的货物，经仓库所在地主管海关批准，可以更换货物。被更换货物出仓前，更换货物应当先行入仓，并应当与原货物的商品编码、品名、规格型号、数量和价值相同。

第三十条　出口监管仓库货物，因特殊原因确需退运、退仓，应当经海关批准，并按照有关规定办理相关手续。

第五章　法律责任

第三十一条　出口监管仓库所存货物在存储期间发生损毁或者灭失的，除不可抗力外，仓库应当依法向海关缴纳损毁、灭失货物的税款，并承担相应的法律责任。

第三十二条　企业以隐瞒真实情况、提供虚假资料等不正当手段取得设立出口监管仓库行政许可的，由海关依法予以撤销。

第三十三条　出口监管仓库经营企业有下列行为之一的，海关责令其改正，可以给予警告，或者处1万元以下的罚款；有违法所得的，处违法所得3倍以下的罚款，但最高不得超过3万元：

（一）擅自在出口监管仓库存放本办法第七条规定范围之外的其他货物的；

（二）出口监管仓库货物管理混乱，账目不清的；

（三）违反本办法第十四条规定的；

（四）未按照本办法第十九条的规定办理海关手续的。

第三十四条　收发货人未在规定时限内将已经办结转进口手续的出口监管仓库货物提离出口监管仓库的，海关责令其改正，可以给予警告，或者处1万元以下的罚款。

第三十五条　违反本办法的其他违法行为，由海关依照《中华人民共和国海关法》《中华人民共和国海关行政处罚实施条例》予以处理。构成犯罪的，依法追究刑事责任。

第六章 附 则

第三十六条 出口监管仓库经营企业应当为海关提供办公场所和必要的办公条件。

第三十七条 本办法所规定的文书由海关总署另行制定并且发布。

第三十八条 海关对出口监管仓库依法实施监管不影响地方政府和其他部门依法履行其相应职责。

第三十九条 本办法由海关总署负责解释。

第四十条 本办法自2006年1月1日起施行。1992年5月1日起实施的《中华人民共和国海关对出口监管仓库的暂行管理办法》同时废止。

中华人民共和国海关对保税物流中心（A型）的
暂行管理办法

（2005年6月23日海关总署令第129号发布　根据2015年4月28
日海关总署令第227号《海关总署关于修改部分规章的决定》第一次
修正　根据2017年12月20日海关总署令第235号《海关总署关于修
改部分规章的决定》第二次修正　根据2018年5月29日海关总署令
第240号《海关总署关于修改部分规章的决定》第三次修正　根据
2018年11月23日海关总署令第243号《海关总署关于修改部分规章
的决定》第四次修正）

第一章　总　　则

第一条　为适应现代国际物流的发展，规范海关对保税物流中
心（A型）及其进出货物的管理和保税仓储物流企业的经营行为，
根据《中华人民共和国海关法》和国家有关法律、行政法规，制定
本办法。

第二条　本办法所称的保税物流中心（A型）（以下简称物流中
心），是指经海关批准，由中国境内企业法人经营、专门从事保税仓
储物流业务的保税监管场所。

第三条　物流中心按照服务范围分为公用型物流中心和自用型
物流中心。

公用型物流中心是指由专门从事仓储物流业务的中国境内企业
法人经营，向社会提供保税仓储物流综合服务的保税监管场所。

自用型物流中心是指中国境内企业法人经营，仅向本企业或者

本企业集团内部成员提供保税仓储物流服务的保税监管场所。

第四条 下列货物，经海关批准可以存入物流中心：

（一）国内出口货物；

（二）转口货物和国际中转货物；

（三）外商暂存货物；

（四）加工贸易进出口货物；

（五）供应国际航行船舶和航空器的物料、维修用零部件；

（六）供维修外国产品所进口寄售的零配件；

（七）未办结海关手续的一般贸易进口货物；

（八）经海关批准的其他未办结海关手续的货物。

第二章 物流中心的设立

第五条 物流中心应当设在国际物流需求量较大，交通便利且便于海关监管的地方。

第六条 物流中心经营企业应当具备下列资格条件：

（一）经工商行政管理部门注册登记，具有独立的企业法人资格；

（二）具有专门存储货物的营业场所；

（三）具有符合海关监管要求的管理制度。

第七条 物流中心经营企业申请设立物流中心应当具备下列条件：

（一）符合海关对物流中心的监管规划建设要求；

（二）公用型物流中心的仓储面积（含堆场），东部地区不低于4000平方米，中西部地区、东北地区不低于2000平方米；

（三）自用型物流中心的仓储面积（含堆场），东部地区不低于2000平方米，中西部地区、东北地区不低于1000平方米；

（四）物流中心为储罐的，容积不低于5000立方米；

（五）建立符合海关监管要求的计算机管理系统，提供供海关查阅数据的终端设备，并按照海关规定的认证方式和数据标准与海关联网；

（六）设置符合海关监管要求的隔离设施、监管设施和办理业务必需的其他设施。

第八条 申请设立物流中心的企业应当向所在地主管海关提出书面申请，并递交以下加盖企业印章的材料：

（一）申请书；

（二）物流中心地理位置图、平面规划图。

第九条 企业申请设立物流中心，由主管海关受理，报直属海关审批。

第十条 企业自直属海关出具批准其筹建物流中心文件之日起1年内向海关申请验收，由主管海关按照本办法的规定进行审核验收。

物流中心验收合格后，由直属海关向企业核发《保税物流中心（A型）注册登记证书》。

物流中心在验收合格后方可以开展有关业务。

第十一条 获准设立物流中心的企业确有正当理由未按时申请验收的，经直属海关同意可以延期验收，除特殊情况外，延期不得超过6个月。

获准设立物流中心的企业无正当理由逾期未申请验收或者验收不合格的，视同其撤回设立物流中心的申请。

第三章 物流中心的经营管理

第十二条 物流中心不得转租、转借他人经营，不得下设分中心。

第十三条 物流中心经营企业可以开展以下业务：

（一）保税存储进出口货物及其他未办结海关手续货物；

（二）对所存货物开展流通性简单加工和增值服务；

（三）全球采购和国际分拨、配送；

（四）转口贸易和国际中转业务；

（五）经海关批准的其他国际物流业务。

第十四条　物流中心经营企业在物流中心内不得开展下列业务：

（一）商业零售；

（二）生产和加工制造；

（三）维修、翻新和拆解；

（四）存储国家禁止进出口货物，以及危害公共安全、公共卫生或者健康、公共道德或者秩序的国家限制进出口货物；

（五）法律、行政法规明确规定不能享受保税政策的货物；

（六）其他与物流中心无关的业务。

第十五条　物流中心负责人及其工作人员应当熟悉海关有关法律行政法规，遵守海关监管规定。

第四章　海关对物流中心的监管

第十六条　海关可以采取联网监管、视频监控、实地核查等方式对进出物流中心的货物、物品、运输工具等实施动态监管。

第十七条　海关对物流中心实施计算机联网监管。物流中心应当建立符合海关监管要求的计算机管理系统并与海关联网，形成完整真实的货物进、出、转、存电子数据，保证海关开展对有关业务数据的查询、统计、采集、交换和核查等监管工作。

第十八条　《保税物流中心（A型）注册登记证书》有效期为3年。

物流中心经营企业应当在《保税物流中心（A型）注册登记证书》每次有效期满30日前办理延期手续，由主管海关受理，报直属海关审批。

物流中心经营企业办理延期手续应当提交《保税物流中心（A型）注册登记证书》。

对审查合格的企业准予延期3年。

第十九条 物流中心需变更经营单位名称、地址、仓储面积（容积）等事项的，主管海关受理企业申请后，报直属海关审批。

第二十条 物流中心经营企业因故终止业务的，由物流中心提出书面申请，主管海关受理后报直属海关审批，办理注销手续并交回《保税物流中心（A型）注册登记证书》。

第二十一条 物流中心内货物保税存储期限为1年。确有正当理由的，经主管海关同意可以予以延期，除特殊情况外，延期不得超过1年。

第五章　海关对物流中心进出货物的监管

第一节　物流中心与境外间的进出货物

第二十二条 物流中心与境外间进出的货物，应当按照规定向海关办理相关手续。

第二十三条 物流中心与境外间进出的货物，除实行出口被动配额管理和中华人民共和国参加或者缔结的国际条约及国家另有明确规定的以外，不实行进出口配额、许可证件管理。

第二十四条 从境外进入物流中心内的货物，其关税和进口环节海关代征税，按照下列规定办理：

（一）本办法第四条中所列的货物予以保税；

（二）物流中心企业进口自用的办公用品、交通、运输工具、生活消费用品等，以及物流中心开展综合物流服务所需进口的机器、装卸设备、管理设备等，按照进口货物的有关规定和税收政策办理相关手续。

第二节　物流中心与境内间的进出货物

第二十五条　物流中心内货物跨关区提取，可以在物流中心主管海关办理手续，也可以按照海关其他规定办理相关手续。

第二十六条　企业根据需要经主管海关批准，可以分批进出货物，并按照海关规定办理月度集中报关，但集中报关不得跨年度办理。

第二十七条　物流中心货物进入境内视同进口，按照货物实际贸易方式和实际状态办理进口报关手续；货物属许可证件管理商品的，企业还应当取得有效的许可证件，海关对有关许可证件电子数据进行系统自动比对验核；实行集中申报的进出口货物，应当适用每次货物进出口时海关接受申报之日实施的税率、汇率。

第二十八条　货物从境内进入物流中心视同出口，办理出口报关手续。如需缴纳出口关税的，应当按照规定纳税；属许可证件管理商品，还应当取得有效的出口许可证件。海关对有关出口许可证件电子数据进行系统自动比对验核。

从境内运入物流中心的原进口货物，境内发货人应当向海关办理出口报关手续，经主管海关验放；已经缴纳的关税和进口环节海关代征税，不予退还。

第二十九条　企业按照国家税务总局的有关税收管理办法办理出口退税手续。按照国家外汇管理局有关外汇管理办法办理收付汇手续。

第三十条　下列货物从物流中心进入境内时依法免征关税和进口环节海关代征税：

（一）用于在保修期限内免费维修有关外国产品并符合无代价抵偿货物有关规定的零部件；

（二）用于国际航行船舶和航空器的物料；

（三）国家规定免税的其他货物。

第三十一条 物流中心与海关特殊监管区域、其他保税监管场所之间可以进行货物流转并按照规定办理相关海关手续。

第六章 法律责任

第三十二条 保税仓储货物在存储期间发生损毁或者灭失的，除不可抗力外，物流中心经营企业应当依法向海关缴纳损毁、灭失货物的税款，并承担相应的法律责任。

第三十三条 违反本办法规定的，海关依照《中华人民共和国海关法》、《中华人民共和国海关行政处罚实施条例》予以处理；构成犯罪的，依法追究刑事责任。

第七章 附 则

第三十四条 本办法下列用语的含义：

"流通性简单加工和增值服务"是指对货物进行分级分类、分拆分拣、分装、计量、组合包装、打膜、加刷唛码、刷贴标志、改换包装、拼装等辅助性简单作业的总称。

"国际中转货物"是指由境外启运，经中转港换装国际航线运输工具后，继续运往第三国或者地区指运口岸的货物。

第三十五条 本办法所规定的文书由海关总署另行制定并且发布。

第三十六条 本办法由海关总署负责解释。

第三十七条 本办法自2005年7月1日起施行。

中华人民共和国海关对保税物流中心（B型）的
暂行管理办法

（2005年6月23日海关总署令第130号发布　根据2015年4月28日海关总署令第227号《海关总署关于修改部分规章的决定》第一次修正　根据2017年12月20日海关总署令第235号《海关总署关于修改部分规章的决定》第二次修正　根据2018年5月29日海关总署令第240号《海关总署关于修改部分规章的决定》第三次修正　根据2018年11月23日海关总署令第243号《海关总署关于修改部分规章的决定》第四次修正）

第一章　总　则

第一条　为适应现代国际物流业的发展，规范海关对保税物流中心（B型）及其进出货物的管理和保税仓储物流企业的经营行为，根据《中华人民共和国海关法》和国家有关法律、行政法规，制定本办法。

第二条　本办法所称保税物流中心（B型）（以下简称物流中心）是指经海关批准，由中国境内一家企业法人经营，多家企业进入并从事保税仓储物流业务的保税监管场所。

第三条　下列货物，经海关批准可以存入物流中心：

（一）国内出口货物；

（二）转口货物和国际中转货物；

（三）外商暂存货物；

（四）加工贸易进出口货物；

（五）供应国际航行船舶和航空器的物料、维修用零部件；

（六）供维修外国产品所进口寄售的零配件；

（七）未办结海关手续的一般贸易进口货物；

（八）经海关批准的其他未办结海关手续的货物。

第二章 物流中心及中心内企业的设立

第一节 物流中心的设立

第四条 设立物流中心应当具备下列条件：

（一）物流中心仓储面积，东部地区不低于5万平方米，中西部地区、东北地区不低于2万平方米；

（二）符合海关对物流中心的监管规划建设要求；

（三）选址在靠近海港、空港、陆路交通枢纽及内陆国际物流需求量较大，交通便利，设有海关机构且便于海关集中监管的地方；

（四）经省级人民政府确认，符合地方经济发展总体布局，满足加工贸易发展对保税物流的需求；

（五）建立符合海关监管要求的计算机管理系统，提供供海关查阅数据的终端设备，并按照海关规定的认证方式和数据标准，通过"电子口岸"平台与海关联网，以便海关在统一平台上与国税、外汇管理等部门实现数据交换及信息共享；

（六）设置符合海关监管要求的隔离设施、监管设施和办理业务必需的其他设施。

第五条 物流中心经营企业应当具备下列资格条件：

（一）经工商行政管理部门注册登记，具有独立企业法人资格；

（二）具备对中心内企业进行日常管理的能力；

（三）具备协助海关对进出物流中心的货物和中心内企业的经营行为实施监管的能力。

第六条 物流中心经营企业具有以下责任和义务：

（一）设立管理机构负责物流中心的日常管理工作；

（二）遵守海关法及有关管理规定；

（三）制定完善的物流中心管理制度，协助海关实施对进出物流中心的货物及中心内企业经营行为的监管。

物流中心经营企业不得在本物流中心内直接从事保税仓储物流的经营活动。

第七条 申请设立物流中心的企业应当向直属海关提出书面申请，并递交以下加盖企业印章的材料：

（一）申请书；

（二）省级人民政府意见书；

（三）物流中心所用土地使用权的合法证明及地理位置图、平面规划图。

第八条 物流中心内只能设立仓库、堆场和海关监管工作区。不得建立商业性消费设施。

第九条 设立物流中心的申请由直属海关受理，报海关总署会同有关部门审批。

企业自海关总署等部门出具批准其筹建物流中心文件之日起1年内向海关总署申请验收，由海关总署会同有关部门或者委托被授权的机构按照本办法的规定进行审核验收。

物流中心验收合格后，由海关总署向物流中心经营企业核发《保税物流中心（B型）注册登记证书》。

物流中心在验收合格后方可以开展有关业务。

第十条 获准设立物流中心的企业确有正当理由未按时申请验收的，经海关总署同意可以延期验收。

获准设立物流中心的企业无正当理由逾期未申请验收或者验收不合格的，视同其撤回设立物流中心的申请。

第二节　中心内企业的设立

第十一条　中心内企业应当具备下列条件：

（一）具有独立的法人资格或者特殊情况下的中心外企业的分支机构；

（二）建立符合海关监管要求的计算机管理系统并与海关联网；

（三）在物流中心内有专门存储海关监管货物的场所。

第十二条　企业申请进入物流中心应当向所在地主管海关提出书面申请，并递交以下加盖企业印章的材料：

（一）申请书；

（二）物流中心内所承租仓库位置图、仓库布局图。

第十三条　主管海关受理后对符合条件的企业制发《保税物流中心（B型）企业注册登记证书》。

第三章　物流中心的经营管理

第十四条　物流中心不得转租、转借他人经营，不得下设分中心。

第十五条　中心内企业可以开展以下业务：

（一）保税存储进出口货物及其他未办结海关手续货物；

（二）对所存货物开展流通性简单加工和增值服务；

（三）全球采购和国际分拨、配送；

（四）转口贸易和国际中转；

（五）经海关批准的其他国际物流业务。

第十六条　中心内企业不得在物流中心内开展下列业务：

（一）商业零售；

（二）生产和加工制造；

（三）维修、翻新和拆解；

（四）存储国家禁止进出口货物，以及危害公共安全、公共卫生或者健康、公共道德或者秩序的国家限制进出口货物；

（五）法律、行政法规明确规定不能享受保税政策的货物；

（六）其他与物流中心无关的业务。

第十七条　物流中心经营企业及中心内企业负责人及其工作人员应当熟悉海关有关法律法规，遵守海关监管规定。

第四章　海关对物流中心及中心内企业的监管

第十八条　海关可以采取联网监管、视频监控、实地核查等方式对进出物流中心的货物、物品、运输工具等实施动态监管。

第十九条　海关对物流中心及中心内企业实施计算机联网监管。物流中心及中心内企业应当建立符合海关监管要求的计算机管理系统并与海关联网，形成完整真实的货物进、出、转、存电子数据，保证海关开展对有关业务数据的查询、统计、采集、交换和核查等监管工作。

第二十条　《保税物流中心（B型）注册登记证书》有效期为3年。

物流中心经营企业应当在《保税物流中心（B型）注册登记证书》每次有效期满30日前办理延期手续，由直属海关受理，报海关总署审批。

物流中心经营企业办理延期手续应当提交《保税物流中心（B型）注册登记证书》。

对审查合格的企业准予延期3年。

第二十一条　物流中心需变更名称、地址、面积及所有权等事项的，由直属海关受理报海关总署审批。其他变更事项报直属海关备案。

第二十二条　中心内企业需变更有关事项的，应当向主管海关备案。

第二十三条 物流中心经营企业因故终止业务的，物流中心经营企业向直属海关提出书面申请，经海关总署会同有关部门审批后，办理注销手续并交回《保税物流中心（B型）注册登记证书》。

第二十四条 物流中心内货物保税存储期限为2年。确有正当理由的，经主管海关同意可以予以延期，除特殊情况外，延期不得超过1年。

第五章　海关对物流中心进出货物的监管

第一节　物流中心与境外间的进出货物

第二十五条 物流中心与境外间进出的货物，应当按照规定向海关办理相关手续。

第二十六条 物流中心与境外之间进出的货物，除实行出口被动配额管理和中华人民共和国参加或者缔结的国际条约及国家另有明确规定的以外，不实行进出口配额、许可证件管理。

第二十七条 从境外进入物流中心内的货物，其关税和进口环节海关代征税，按照下列规定办理：

（一）本办法第三条中所列的货物予以保税；

（二）中心内企业进口自用的办公用品、交通、运输工具、生活消费用品等，以及企业在物流中心内开展综合物流服务所需的进口机器、装卸设备、管理设备等，按照进口货物的有关规定和税收政策办理相关手续。

第二节　物流中心与境内间的进出货物

第二十八条 物流中心货物跨关区提取，可以在物流中心主管海关办理手续，也可以按照海关其他规定办理相关手续。

第二十九条 中心内企业根据需要经主管海关批准，可以分批进出货物，并按照海关规定办理月度集中报关，但集中报关不得跨年度办理。

第三十条 物流中心货物进入境内视同进口，按照货物实际贸易方式和实际状态办理进口报关手续；货物属许可证件管理商品的，企业还应当取得有效的许可证件，海关对有关许可证件电子数据进行系统自动比对验核；实行集中申报的进出口货物，应当适用每次货物进出口时海关接受申报之日实施的税率、汇率。

第三十一条 除另有规定外，货物从境内进入物流中心视同出口，办理出口报关手续，享受出口退税。如需缴纳出口关税的，应当按照规定纳税；属许可证件管理商品，还应当取得有效的出口许可证件。海关对有关出口许可证件电子数据进行系统自动比对验核。

从境内运入物流中心的原进口货物，境内发货人应当向海关办理出口报关手续，经主管海关验放；已经缴纳的关税和进口环节海关代征税，不予退还。

第三十二条 企业按照国家税务总局的有关税收管理办法办理出口退税手续。按照国家外汇管理局有关外汇管理办法办理收付汇手续。

第三十三条 下列货物从物流中心进入境内时依法免征关税和进口环节海关代征税：

（一）用于在保修期限内免费维修有关外国产品并符合无代价抵偿货物有关规定的零部件；

（二）用于国际航行船舶和航空器的物料；

（三）国家规定免税的其他货物。

第三十四条 物流中心与海关特殊监管区域、其他保税监管场所之间可以进行货物流转并按照规定办理相关海关手续。

第三节 中心内企业间的货物流转

第三十五条 物流中心内货物可以在中心内企业之间进行转让、

转移并办理相关海关手续。未经海关批准，中心内企业不得擅自将
所存货物抵押、质押、留置、移作他用或者进行其他处置。

第六章　法律责任

第三十六条　保税仓储货物在存储期间发生损毁或者灭失的，
除不可抗力外，中心内企业应当依法向海关缴纳损毁、灭失货物的
税款，并承担相应的法律责任。

第三十七条　违反本办法规定的，海关依照《中华人民共和国
海关法》、《中华人民共和国海关行政处罚实施条例》予以处理；构
成犯罪的，依法追究刑事责任。

第七章　附　　则

第三十八条　本办法下列用语的含义：

"中心内企业"是指经海关批准进入物流中心开展保税仓储物流
业务的企业。

"流通性简单加工和增值服务"是指对货物进行分级分类、分拆
分拣、分装、计量、组合包装、打膜、加刷唛码、刷贴标志、改换
包装、拼装等辅助性简单作业的总称。

"国际中转货物"是指由境外启运，经中转港换装国际航线运输
工具后，继续运往第三国或地区指运口岸的货物。

第三十九条　本办法所规定的文书由海关总署另行制定并且
发布。

第四十条　本办法由海关总署负责解释。

第四十一条　本办法自2005年7月1日起施行。